Au CŒUR de la WICCA ÉCLECTIQUE

Éditions Ellébore
16, rue de Lancry · 75010 Paris

Direction : Édouard Frison-Roche
Direction éditoriale : Katia Kaloun
Édition : Marine Bourasseau, Marion Vergnolle, Lucie Bernamont et Coline Meret
Couverture, création graphique et mise en pages : Coline Cayzac et Charlotte Thomas

Crédits iconographiques :
Intérieur : Fond sommaire ©Vera Petruk/Shutterstock, Fond parties ©Vera Petruk/Shutterstock, Pentacle intérieur ©konstantinks/Shutterstock, Symbole triple déesses ©paw/Shutterstock, Symbole Dieu corné ©robin.ph/Shutterstock, Portrait du Dieu corné ©Zvereva Yana/Shutterstock, Roue de l'année ©robin.ph/Shutterstock, Cycle lunaire ©Croisy/Shutterstock, Femme lune ©patte/Shutterstock, Balai ©tairiara/Shutterstock, Encensoir ©monkographique/Shutterstock, Chaudron ©oixxo/Shutterstock, Coupe ©Shamanska Kate/Shutterstock, Pentacle ©Belmaz/Shutterstock, Cloche ©Epine/Shutterstock, Bougie ©Séparaise/Shutterstock, Plume ©Aksol/Shutterstock, Cristaux ©harmonia_green/Shutterstock, Livre ©chempina/Shutterstock, Baguette ©dogapavlova/Shutterstock, Athamé ©Croisy/Shutterstock, Boline ©oixxo/Shutterstock, Boule de cristal ©Eldi D/Shutterstock, Tasse ©Bodor Tivadar/Shutterstock, Ensemble d'objets rituels ©Véra Serg/Shutterstock, Mortier et pilon ©Karina.Am/Shutterstock, Amulettes et potions ©BonStudio/Shutterstock, Boule de cristal ©Croisy/Shutterstock

Collection Oseleso
ISSN : 2681-3122

ISBN : 979-10-230-0258-4

ose|ose

Diane Addams

Au CŒUR de la WICCA ÉCLECTIQUE

Initiez-vous à une magie naturelle et libératrice

Ellébore

SOMMAIRE

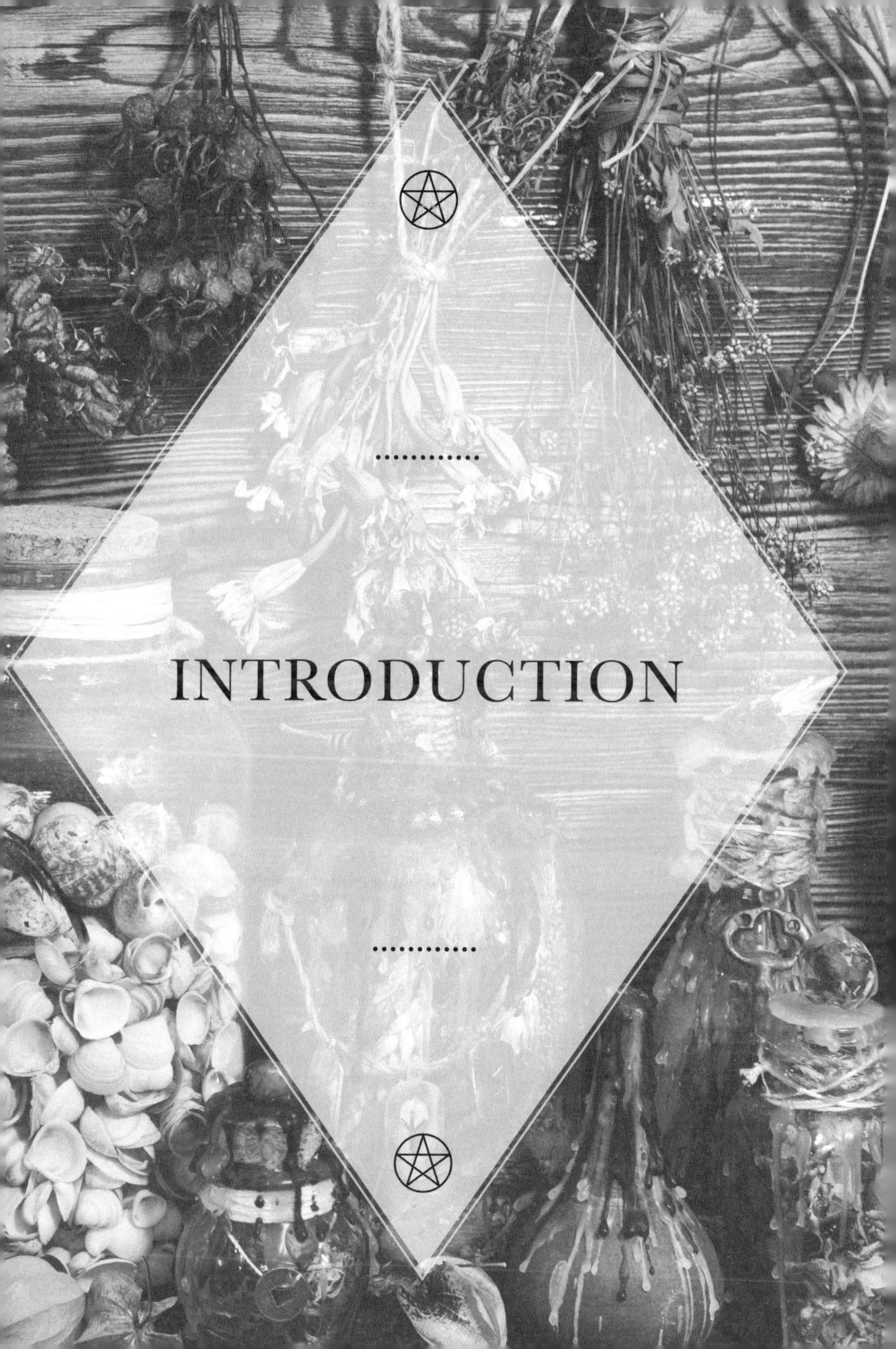

INTRODUCTION

Qu'est-ce que la Wicca ? La Wicca n'est que lumière et bienveillance, c'est un art qui consiste à vivre en harmonie avec ce qui nous entoure et ce qui nous parcourt.

Bien loin des clichés sur la sorcellerie et le paganisme, pratiquer « l'Art » signifie accepter la magie qui nous habite et nous environne, celle de la vie, celle de la nuit, celle qui pousse les saisons à succéder les unes aux autres, celle des cycles de la Lune, celle qui éveille nos cœurs et nos esprits... C'est accepter le monde tel qu'il se présente à nous, c'est s'accorder à lui, ainsi qu'à ses forces visibles et invisibles, c'est s'unir à la Nature et comprendre ses principes les plus élémentaires afin de communier avec elle. C'est aussi revenir aux sources, aux croyances et aux pratiques fondamentales des hommes et des femmes, celles que les civilisations les plus anciennes, avec leur simplicité et leur pragmatisme naturels, ont érigé en culte spirituel. Enfin, c'est apprécier la modernité et l'universalité de la Wicca d'aujourd'hui, celle qui nous demande de nous accorder avec nous-même, de nous débarrasser de ce qui pollue nos existences, comme le matérialisme, la course au temps perdu, l'anticipation anxieuse, les regrets qui, en nous éloignant de notre vie ancrée dans notre temporalité – un temps qui évolue au gré des cycles de la Nature –, nous déshumanisent en reniant notre identité profonde, notre animalité spirituelle et intellectuelle.

Notre esprit humain nous offre le droit de rendre hommage aux forces naturelles qui commandent à la vie, aux éléments et aux êtres vivants : la Wicca nous permet d'extérioriser notre gratitude et notre respect envers le Soleil, le ciel, les arbres, les oiseaux, les fruits… En cela, elle s'accorde avec les préceptes de l'écologie, mais va plus loin encore : elle nous invite à nous harmoniser avec notre environnement afin de trouver la paix intérieure. La Wicca n'est que bien-être et respect de soi, de la Nature et des autres.

L'hétérogénéité du monde qui s'offre à nous, quels que soient le lieu où nous nous trouvons, l'époque à laquelle nous sommes et les personnes qui nous accompagnent, nous pousse à accepter la diversité et à adopter une grande tolérance. La Wicca est compréhension, amour et positivité dans un monde vaste et bigarré. Elle ne souhaite que le bonheur et l'épanouissement de chacun, en prônant la gentillesse et l'acceptation car, quels que soient notre identité et notre rôle, nous évoluons tous dans le même Univers pour une bonne raison et, si un seul des éléments qui composent ce dernier venait à manquer, notre monde serait déséquilibré.

Au nom de l'équilibre, la Wicca embrasse le mal comme le bien, la nuit comme le jour, la mort comme la vie, puisque sans l'un, l'autre n'existerait pas. Les opposés sont complémentaires et interdépendants, à la manière du yin et du yang. Commettre des erreurs nous permet d'apprendre des leçons, de nous corriger, d'accepter l'humilité et de progresser sur le chemin vertueux de notre vie. Nous comprenons notre part de responsabilité dans les événements qui nous affligent ou qui nous réjouissent. Cela nous amène à éloigner tout comportement négatif et, ainsi, à nous guider vers notre propre équilibre, en agissant en accord avec un code moral. Si la Wicca nous enseigne de nous fier à notre intuition, de nous faire confiance pour déterminer la voie à suivre, la liberté de faire ce que bon nous semble doit tout de même respecter une certaine éthique. Celle-ci nous protège des attitudes négatives et agressives, et chasse le vice de nos cœurs afin que le feu du ciel nous épargne.

La Wicca, si elle n'est que liberté de penser et de s'exprimer, respecte cependant quelques codes ; non pas des dogmes arides et aliénants, mais des fils conducteurs. Ces principes tiennent à son histoire millénaire, puisque sa pratique remonte à l'Antiquité, mais ont été posés à notre époque moderne. Ils relèvent de grandes idées magiques et libératrices, dont les enseignements sont fondamentaux, notamment concernant le lien que nous entretenons avec les plus belles forces spirituelles de la Nature : le Dieu Cornu et la Grande Déesse, les solstices et les équinoxes, la Lune, la féminité… La mise en pratique de ces préceptes s'effectue au moyen de quelques instruments et outils dont il faut connaître les qualités et le potentiel. Grâce à eux, nous pouvons accomplir les pratiques rituéliques qui nous permettent de nous placer en osmose avec l'Univers…

I

LA WICCA : ORIGINES ET PRINCIPES D'UNE SPIRITUALITÉ MILLÉNAIRE

La Wicca trouve ses origines dans les civilisations antiques – au sein desquelles le contact avec la Nature était au centre de la spiritualité –, mais elle s'est véritablement construite au milieu du XXe siècle, pour se définir aujourd'hui comme un néopaganisme épanouissant et inspirant.

UNE PRATIQUE MAGIQUE AUX ORIGINES ANTIQUES

La Wicca – bien qu'elle n'ait pas été nommée ainsi autrefois – est très ancienne dans sa philosophie et sa pratique. Considéré comme une sorte de paganisme fondé sur la célébration de la Nature, « l'Art » pourrait être perçu comme une magie écologique, une spiritualité naturelle telle que la pratiquaient les

Anciens. Outre des wiccans éclairés, certains peuples primitifs la pratiquent encore aujourd'hui : ils vivent loin de toute technologie moderne et des modes de vie tournés vers le progressisme, préférant simplement cultiver la tradition et l'humilité devant Mère Nature.

La célébration universelle des cycles de la Nature

Tous les peuples de l'Antiquité ont observé une pieuse révérence envers la Nature et ses cycles. La mesure du temps est quelque chose de cher à l'humanité. Les changements de saisons, les solstices, les équinoxes, les différentes phases de la lune, les courses des planètes et le mouvement des constellations zodiacales ont été des sujets d'observation et de vénération ou de crainte pour nos ancêtres. Leurs pensées étaient tournées vers ce qui les dominait : les forces invisibles à l'œuvre derrière les grands événements climatiques et astronomiques, ce qui conditionnait la culture, l'élevage et la vie en société dans tous ses aspects.

Cette fascination et cette angoisse se sont traduites par l'analyse, puis la compréhension et l'anticipation des cycles. Les hommes de l'époque ont édifié des monuments en l'honneur des éphémérides afin de leur rendre hommage, telles les pierres dressées de Stonehenge en Angleterre, les pyramides de Gizeh en Égypte, les moais de l'île de Pâques – et bien d'autres encore issus de la préhistoire et de l'Antiquité, et qui constituent de véritables calendriers astraux.

Ces cultes se sont aussi exprimés plus simplement, par de joyeuses célébrations dans la Nature, par des cérémonies druidiques, par des rites élémentaires accomplis dans les bois, sur les plages, dans les champs, par des vénérations élémentaires avec les déesses et les dieux au quotidien ou à des moments clés, par des danses ou des chants autour d'un feu ou dans l'eau... Parfois, ce sont même des sacrifices, animaux ou humains, qui ont été pratiqués pour apaiser les cieux, la mer ou des divinités en colère...

La célébration universelle de divinités cosmologiques et telluriques

En effet, ce sont aussi les mythologies, avec les temples et les cultes dédiés aux dieux et aux déesses, qui ont incarné ces forces cosmologiques et climatiques. Les divinités ont servi de personnifications aux puissances de la Nature : que l'on songe aux dieux du Soleil présents dans de nombreuses cultures (Râ, Apollon, Sol, Inti...), aux dieux du tonnerre, de la pluie ou du vent (Zeus, Thor, Éole, Indra, Jupiter, Tlaloc...), aux déités de la Lune (Séléné, Meztli, Diane, Máni...), etc.

Les grandes étapes de la vie ont également été personnifiées par des divinités auxquelles des cultes ont été rendus : par exemple, le mythe de Déméter et Perséphone célèbre la vie, ainsi que le cycle des saisons – l'hiver, période de tristesse et de mort de la Nature, et le printemps, époque de renouveau et de fertilité. La mort, anthropomorphisée dans toutes les civilisations, revient aux divinités associées à la nuit, au deuil et à l'au-delà (Ankou, Thanatos, Anubis, Nephtys...).

L'unité de la pensée humaine face à la puissance du monde qui l'abrite et l'entoure fait de la Wicca une philosophie première, fondamentale. Elle est notre racine commune. Aujourd'hui encore, la pureté de ses croyances est relayée par des chamans, dont le rôle est d'aider leurs semblables à comprendre l'Univers et la place qui leur revient. Discerner ses mécanismes, embrasser sa logique, accroître nos connaissances au moyen de rituels afin de percevoir la lumière et la magie dans laquelle nous baignons tous sans en avoir pleinement conscience : tel est le but de la Wicca.

Tel fut le but également de ceux qui en posèrent les bases au XXe siècle, et à partir desquelles la Wicca moderne s'est développée dans le monde entier, portée par des wiccans de tous horizons.

NAISSANCE ET ÉVOLUTION DE LA WICCA MODERNE

La Wicca s'est construite au fur et à mesure des millénaires sur tous les continents mais, s'il existe une connivence intellectuelle et spirituelle qui unit les hommes et la Nature, il ne peut y avoir un seul et authentique Art. Cela vient du fait qu'aucune structure officielle, aucune religion établie n'en édicte des règles précises, dogmatiques et contraignantes, pas plus qu'elle ne possède de prophètes, de théologiens ou de grands prêtres. La Wicca est une relation personnelle, intime avec la Nature, une communion qui n'appartient qu'à soi, même si la pratique des rites peut être collective.

L'éclosion de la Wicca

Au milieu du XXe siècle cependant, en Angleterre, Gerald Gardner, écrivain et occultiste, entreprit de faire le point sur les connaissances en matière de Wicca. Initié à la sorcellerie lors d'un *coven**[1], il fut frappé par les manques des rituels, voire les erreurs que les « sorcières » anglaises commettaient. Cela était dû au fait que l'Art mystique était de tradition orale, et surtout qu'il était prohibé depuis plusieurs siècles, et donc confidentiel. Grâce à ses recherches et à sa pratique, il clarifia le fruit d'une tradition païenne remontant à la préhistoire et d'une sorcellerie issue du Moyen Âge.

L'occultiste compila ces informations pour le grand public dans deux ouvrages importants, parus à la fin des années 1950, quelque temps après que la sorcellerie

1* Assemblée de pratiquants occultes ; ordre : le terme ne doit pas être confondu avec le mot français « convent », qui est propre à la pratique franc-maçonnique.

ne fut plus interdite en Angleterre, en raison de l'abrogation du *Witchcraft Act* en 1951. Ses livres – *Witchcraft Today* et *The Meaning of Witchcraft* – lancèrent le mouvement wiccan moderne : la Wicca gardnérienne, une religion magique puisant sa raison d'être dans d'anciennes pratiques, proche de la Nature et ouverte à tous, et qui a survécu malgré le poids écrasant des grands monothéismes.

Depuis, la Wicca a évolué : considérée comme un néopaganisme, elle a connu ses premiers jours de gloire pendant la période *new age*, en même temps que les médecines holistiques et les arts de vivre orientaux. La redécouverte des traditions païennes a permis à la Wicca de se distinguer et d'être promue par des adeptes qui ont créé leurs propres *covens* (comme Scott Cunningham), et même leurs propres mouvements (tel Alex Sanders). De nombreux livres traitant du sujet ont alors été édités, mais essentiellement dans les pays anglo-saxons.

Au fil des décennies, la Wicca s'est mise à inspirer non seulement les écrivains, mais également les scénaristes de films et de séries télévisées, augmentant ainsi sa diffusion et sa popularité auprès d'un public en quête de valeurs, de sens et d'identité dans un monde de plus en plus engourdi par les technologies. Depuis quelques années, cette propagation trouve un écho sur les réseaux sociaux, les blogs et les sites Internet.

De nos jours, le nombre de wiccans ne cesse de croître. De simple culte, la Wicca est devenue religion publique aux États-Unis. Bien qu'il soit difficile de recenser les adeptes wiccans du fait de leur discrétion ou de celle de leur *coven*, et parce qu'ils sont désormais présents sur tous les continents et plus seulement sur les terres de tradition anglaise, on peut estimer qu'ils représentent une bonne partie des païens.

Un message empreint de modernité

La popularité de la Wicca tient sans doute au fait qu'aujourd'hui il s'agit d'une religion aux accents modernes, dont l'horizon est pur et simple, ouvert à n'importe qui et sans condition de sexe, de niveau social, d'hérédité… ce qui la place ainsi très loin des mystères à initiation et des buts obscurs de l'alchimie. Il ne s'agit pas d'une mode ou d'un courant matérialiste : un authentique wiccan n'a besoin de rien pour exprimer son engagement. Malgré l'importance du féminin sacré dans certains mouvements, les hommes font partie intégrante de la Wicca et n'en sont en aucune façon exclus (excepté dans le mouvement dianique). De plus, si la pratique peut se faire de manière individuelle, celle en groupes, dans des *covens,* est possible après un rite initiatique.

D'autre part, les wiccans, dans leur désir d'honorer la Terre et les forces qui l'animent, se sentent responsables de la Nature. La pensée écologique a ainsi une place prépondérante dans l'Art, et plus encore dans notre société contemporaine si artificielle et si destructrice de notre environnement. Les adeptes ont conscience de n'être que des passagers sur Terre, et ce pour un temps très court. Ils se concentrent sur l'énergie qui les entoure et les transcende : leur objectif est de percevoir les forces spirituelles et de communier avec le sacré. Cette connexion s'exprime notamment par la culture de la terre, les travaux de jardinage ou, plus modestement, par l'entretien régulier de jardinières, au rythme des saisons. La spiritualité wiccane s'inscrit dans notre quotidien quand nous faisons du compost ou quand nous recyclons nos déchets. Pour les adeptes, ce profond respect pour notre Mère la Terre nous porterait vers l'illumination et l'harmonie.

Différentes sensibilités

Certains courants wiccans sont plus orientés que d'autres vers l'écologie, mais pas seulement : chacun peut exprimer sa sensibilité et trouver son propre chemin. Voici les principaux mouvements de l'Art.

- La Wicca gardnérienne : première tendance répertoriée, elle est celle sur laquelle les autres ont pris appui. Gerald Gardner a encouragé la pratique en *coven* après initiation et la spiritualité fondée sur la vénération de la Nature et du couple formé par la Déesse et le Dieu. Ces deux entités sont d'ailleurs reprises dans la plupart des mouvances wiccanes.
- La Wicca celtique : il s'agit d'un chemin qui s'inspire des traditions celtiques et d'un profond attachement à la terre et à la spiritualité. Ses adeptes vénèrent la Terre-Mère et le Dieu Cornu, ainsi que d'autres divinités de second plan issues du panthéon celtique. L'influence du savoir-faire des druides d'autrefois s'exprime dans le grand intérêt porté, lors des rituels, aux propriétés magiques des herbes, des arbres, des minéraux – qu'ils soient des cristaux ou de simples roches –, ainsi qu'aux êtres élémentaux.
- La Wicca alexandrienne : Alex Sanders, disciple de Gerald Gardner, a fondé son propre mouvement, dans lequel les règles sont plus souples que

dans le mouvement gardnérien, notamment quant aux divinités que l'on peut célébrer. Par ailleurs, Alex Sanders s'est inspiré des rites kabbalistiques et de ceux de L'Ordre hermétique de l'Aube dorée à l'extérieur (*The Hermetic Order of the Golden Dawn in the Outer*, société secrète anglaise occultiste de la fin du XIXe siècle).

- La Wicca dianique : dédiée au féminin sacré, elle est purement féministe, bien que reconnaissant l'héritage de Gerald Gardner et d'Alex Sanders. Seule la féminité y est étudiée et vénérée à travers des divinités féminines, et surtout la déesse romaine Diane. Les forces mâles de la Nature sont exclues des rituels.
- La Seax-Wica : pratiqué en *coven* ou individuellement, ce mouvement suit la tradition wiccane, mais honore le panthéon germanique. Woden/Odin et Freyja représentent le Dieu et la Déesse, et les runes ont un rôle important dans la pratique magique et divinatoire. Les *covens* élisent démocratiquement leurs grandes prêtresses et grands prêtres.
- La Wicca féerique, *Faery Wicca* ou Tradition Feri : dans ce courant de tradition celtique et druidique, l'importance est donnée au monde secret des fées, des elfes, des gnomes, de tous les esprits qui sont à l'œuvre derrière l'équilibre de la Nature. Ces êtres

élémentaux, qui incarnent les forces de la Nature, surpassent les divinités et sont l'objet de cultes. La poésie et tout ce qui a trait à la beauté y tiennent une place prépondérante.

- La Wicca draconique : elle s'en remet aussi à des créatures magiques dont la puissante énergie est utilisée lors de rituels. Les dragons, présents dans toutes les cultures, sont perçus comme des symboles de sagesse et d'équilibre : ils sont appelés pour les sabbats et les esbats sous la forme de divinités ou de gardiens des éléments.
- La Wicca verte ou *Folk Wicca* : les adeptes de ce mouvement pratiquent une magie inspirée de la Nature et orientée vers elle. Dans leurs rituels, ils utilisent tous les bienfaits végétaux que la terre offre au rythme des saisons : les herbes, les fleurs, les arbres et les champignons. L'herbologie et la cuisine magique sont au centre de l'exercice wiccan. Les minéraux, eux-mêmes issus de la Terre-Mère, en font également partie intégrante.
- L'Afro-Wicca : ce mouvement honore les divinités venant des panthéons associés à la culture africaine dans son sens large : égyptien, éthiopien, afro-caribéen… La pratique magique trouve ses racines dans la Wicca occidentale, ainsi que dans

le vaudou et dans le hoodoo (spiritualité folklorique afro-américaine et créole, aussi appelée *rootwork*).

- La Wicca angélique : issue d'un syncrétisme avec la tradition chrétienne, elle obéit aux mêmes codes que la Wicca traditionnelle, mais le Dieu et la Déesse sont remplacés par des guides angéliques, des archanges et des anges gardiens (Raphaël, Gabriel...) symbolisés, dans la pratique, par des plumes.

De nombreux autres courants dérivent de l'Art traditionnel, comme la Wicca chamanique, l'aradrienne, la Tradition Ara, etc., tous aussi passionnants et évocateurs les uns que les autres. De nouvelles mouvances apparaîtront sans doute avec le temps, car la Wicca ne cesse d'attirer les âmes en quête d'émancipation spirituelle.

La Wicca « éclectique », quant à elle, ne suit pas un chemin particulier : elle s'attache à cultiver et à transmettre tout ce que l'Art, dans l'étendue de sa pratique et de sa philosophie, a de meilleur à offrir, comme l'ouverture au monde, le respect de la Nature et de sa propre nature, ainsi que la libération spirituelle – des éléments qui permettent d'accéder à l'épanouissement intérieur.

UNE MAGIE NATURELLE ET LIBÉRATRICE

La magie telle qu'elle est entendue ici n'a rien à voir avec les clichés auxquels les « sorciers » sont liés depuis des siècles. Elle n'est en réalité que projection et réception d'énergies naturelles : celles de notre environnement – c'est-à-dire de la terre, du ciel et des autres éléments –, celles que nous puisons en nous, en notre force vitale, intellectuelle, émotionnelle et physique, et celles infusées par la nature sacrée des forces invisibles qui nous imprègnent tous, nous, infimes rouages de la machine appelée « Univers ».

La terminologie de la Wicca

Il convient dès lors de faire un point sur les occurrences employées : la Wicca est « l'Art », un néopaganisme, mais elle n'est pas une « sorcellerie » (*witchery* en anglais). Ce mot, à la connotation péjorative, évoque la magie noire, le satanisme, les âges obscurs, les personnages abominables issus de contes. Dans l'histoire, ce mot évoque les persécutions et les mises à mort sur les bûchers.

La Wicca est une religion magique, bonne, souple et blanche. Ses adeptes ne sont pas des « sorciers » qui lancent des « sortilèges » comme dans les légendes et les histoires, mais ce sont des « wiccans », des pratiquants néopaïens qui s'adonnent à une célébration des énergies de la Nature, grâce à des rituels ou à des invocations (*witchcraft* en anglais). Toute la Nature est réjouissance, tout ce qu'elle nous offre est source de bien-être, que ce soient les éléments ou le Soleil, les fruits, les animaux… Nous rendons hommage à la Nature au moyen de préparations, d'intentions et de visualisations qui permettent de faire circuler les énergies : notre but est d'enchanter davantage le monde.

Aussi pouvons-nous nous livrer à ce que l'on peut appeler des « enchantements », et non des « sorts » – ce mot se trouve lui aussi nimbé de négativité et de malfaisance. Depuis Aleister Crowley, célèbre occultiste, les wiccans anglo-saxons font une distinction entre *magic*, terme associé à la sorcellerie traditionnelle, et *magick*, qui fait référence à la conception moderne et éclairée de la pratique spirituelle. La Wicca est l'art magique de provoquer des changements en accord avec notre volonté et un code éthique. Nous, les wiccans, sommes des enchanteurs et des enchanteresses parce que nous travaillons simplement à trouver notre place dans le monde, en recherchant l'équilibre et le bien-être.

Une souplesse inspirante

La Wicca est une religion de la quête du bonheur, et son application est ainsi d'une grande souplesse. Chacun peut y trouver sa voie en accord avec ses principes, ses vœux et ses moyens. Elle est différente des autres croyances en ce sens qu'elle ne dicte pas à ses pratiquants des dogmes coercitifs ou n'impose pas de structures étriquées. Il n'y a pas de livre unique ni de déités figées, et encore moins de dirigeant qui édicterait régulièrement des règlements. Les divers courants que nous avons vus, soumis plus ou moins à l'influence des *covens* et de leurs principes, mais relevant tous de la Wicca, incarnent cette liberté doctrinale. Aucun mouvement ou système n'en surpasse un autre ou n'a essayé d'en assimiler un autre. La diversité de l'Art est à l'image de ce que l'on trouve dans l'Univers.

Cela a pour conséquence première l'inexistence d'une seule et unique façon de pratiquer l'Art. Chaque adepte suit son intuition profonde. Ainsi, certains wiccans pratiqueront assidûment les rituels, tandis que d'autres préféreront s'en tenir à la philosophie de cette religion. D'aucuns encore s'adonneront aux rituels uniquement lors des sabbats et des grands événements. Les cérémonies doivent être profondément sincères pour entrer en communication avec le divin. Si elles ne le sont pas, l'élévation spirituelle sera un échec. L'apprentissage et l'expérience ne s'acquièrent que dans la relation personnelle avec les forces sacrées qui nous transcendent.

En découvrant le chemin qui nous sied le mieux, les divinités qui nous attirent le plus, les outils qui nous conviennent, les minéraux avec lesquels nous ressentons une connexion, les phases de la lune qui nous inspirent et les jours de pouvoir qui nous interpellent, nous prenons conscience de notre appartenance à quelque chose de plus grand que nous, qui nous dépasse et nous fait comprendre que chacun a sa place, sans avoir besoin de textes canoniques ou de prophètes mystiques. Chacun peut alors comprendre que seule sa relation à la Nature, au Dieu, à la Déesse et à leurs énergies pures importe. La Wicca est une célébration personnelle et enthousiaste de la vie, liée à nos sentiments et à notre intuition, qui nous permet d'embrasser l'idée que le monde matériel n'est pas l'expression la plus haute qui soit dans l'Univers, qu'il y a quelque chose de plus éthéré qui ne demande qu'à être approché.

Une prise de conscience libératrice

Les wiccans ne croient pas à la prédestination. Dans la philosophie de l'Art, les adeptes sont responsables de leurs propres actions. Ils déterminent leurs chemins de vie en fonction de leurs décisions, de leurs actes et de leurs mots. Aucune force malveillante ne peut être tenue pour responsable. Il n'existe pas de démon ou de diable qui nous pousserait à mal agir. Cela ne relève que de notre volonté : nos orientations dépendent de notre réflexion.

Nos âmes sont libres en ce sens que nous régnons totalement sur nos vies. Cette prise de conscience nous révèle le pouvoir que nous avons, mais aussi la responsabilité qui nous échoit. Nous devons répondre de nos défauts et de nos faiblesses : il nous appartient de réfléchir avant d'agir ou de parler, ainsi que de corriger nos mauvaises actions ou nos méchantes paroles. Ainsi, nous ne pouvons accuser le destin : nous nous créons parce que nous avançons par nous-même. Cette prise de conscience et de pouvoir nous permet de comprendre que, dès lors, il nous appartient de faire les meilleurs choix possibles.

Nos idéaux doivent être nobles et bons, inspirés de la morale wiccane. Nos actions doivent s'accorder avec ce que nous pensons et ce que nous respectons. Nous ne pouvons, par exemple, protester contre la fonte des glaces et ne pas trier nos déchets. En alignant nos gestes à nos valeurs, une énergie positive irradie de nos êtres. Nous sommes en harmonie avec la philosophie wiccane, avec notre environnement, nos proches et nous-même. La magie éclot comme une fleur de puissance et d'enchantement et nous nous épanouissons librement dans la joie, la lumière et la bienveillance.

Notre liberté doit se rechercher dans l'union avec la Nature, dans l'écoute de nos besoins et de nos proches.

La Terre et tout ce qu'elle porte, tout comme le ciel et tout ce qu'il contient, sont une manifestation de l'énergie divine de la Grande Déesse et du Dieu Cornu. Les temples des wiccans sont les clairières parsemées de fleurs, les forêts aux hautes cimes, les plages balayées par les vents ou les déserts aux dunes mouvantes… Quand nous sommes dehors, nous sommes entourés du divin. Les énergies contenues dans les éléments naturels doivent nous transcender et nous aider à trouver la voie vers la libération des contingences matérielles.

Le wiccan débutant doit bien comprendre que la magie émane de tout ce qui est bon et naturel. Nos cinq sens nous permettent d'appréhender ce flux. Cette faculté est développée quand nous nous aidons de la Nature elle-même pour prendre conscience de cette magie. Les énergies naturelles peuvent en effet être captées et amplifiées à l'aide d'ingrédients et d'outils comme les herbes, les minéraux et les cinq éléments naturels (la terre, l'air, le feu, l'eau et l'esprit). Nous faisons corps avec ces éléments parce que nous sommes faits de la même matière. C'est pour cela que nous pouvons si facilement nous connecter à ce qui nous entoure et permettre la circulation de la magie pour induire des changements en notre faveur.

En embrassant l'idée que nous faisons partie d'un tout, et que tout ce qui fait partie de cet ensemble est connecté grâce aux énergies qui parcourent ce dernier, nous pouvons agir en fonction de nos besoins et de ce qui est bien. Chacun possède ce qu'il faut pour faire de ses désirs des réalités et pour faire en sorte que sa vie soit bonne et utile, parce que la magie est partout et en chacun de nous. Si nous utilisons ce que la Nature nous a donné avec intelligence et sensibilité, si nous exploitons nos sens et nos capacités pour accomplir de belles choses, et si nous usons de tout ce dont disposent les wiccans (mots, chiffres, couleurs, symboles...), nous pouvons orienter la magie afin d'obtenir ce qui nous tient à cœur.

Les vertus de la Wicca

La Wicca présente de nombreux bénéfices pour nos vies. Elle n'est pas seulement un atout magique, elle est aussi un art de vivre qui nous apporte bien-être et satisfaction. Elle nous éloigne notamment des méfaits de la société moderne en nous détachant du consumérisme et des technologies d'aujourd'hui. Même si les réseaux sociaux et Internet en général peuvent être des sources d'inspiration précieuses pour notre Art, nous passons de manière générale beaucoup trop de temps à être connecté à des choses qui nous éloignent de notre vraie place, des valeurs authentiques et du calme que procure la Nature tout simplement. Nous accordons trop d'importance à un confort moderne superficiel et superfétatoire qui nous surstimule, quand tout ce dont nous avons besoin se trouve dans le monde extérieur, dans les bois, dans notre jardin ou dans la contemplation du ciel nocturne. Aujourd'hui, nous sommes souvent déconnectés de la Nature. Aussi la pratique de la Wicca est-elle un moyen de se détacher du matérialisme, car nul n'est besoin de dépenser beaucoup d'argent et d'entasser des choses pour s'y adonner.

L'Art nous encourage à prendre l'air, à sortir de chez nous et à profiter des rayons du soleil et du bon air frais, à nous dépenser au lieu de rester à la maison, le nez collé à un écran. Nous allons à la rencontre des forêts où nous nous promenons, des montagnes que nous escaladons, des cours d'eau dans lesquels nous nous baignons. Une simple balade quotidienne suffit à nous offrir la chance de contempler ce qui nous entoure, à nous faire écouter les oiseaux et à suivre du regard les insectes, ainsi qu'à nous faire respirer profondément. Nous prenons le temps de remarquer tout ce qui échappe aux gens pressés, stressés, oppressés. Être en pleine Nature nous détend, nous fait faire de l'exercice : un bien-être physique propice à la réception des énergies naturelles.

La Wicca nous aide à trouver le calme intérieur non seulement en dehors de chez nous, dans la Nature, mais aussi en nous. La méditation est un outil de la Wicca qui favorise l'équilibre profond. Elle détend chaque fibre de notre corps et de notre esprit. Elle nous invite à relativiser nos problèmes, à envisager des solutions, à appréhender plus sereinement le quotidien. De cette façon, nous pouvons nous concentrer sur les choses importantes, saisir ce vers quoi nous voulons tendre dans notre vie, ressentir les flux d'énergie, communier avec les divinités et les esprits, et trouver, grâce à notre intuition, ce que nous désirons réellement et comment l'obtenir.

La Wicca apporte une grande confiance en soi : créer son univers wiccan, organiser son emploi du temps selon les cycles, participer à la célébration de la Nature, communier avec les éléments et procéder à des rituels et à des enchantements aide à se construire en tant que partie d'un tout. Vous êtes l'un des maillons d'une chaîne cosmique dans laquelle vous avez toute votre place et toute votre importance. Pratiquer un rite avec la création du cercle magique, la récitation d'invocations, une gestuelle rituelle, des chants ou des danses peut vous donner l'ivresse et la confiance que ressentent les artistes sur scène. Grâce aux différentes clés émancipatrices de la Wicca, vous reprenez le contrôle sur vous et sur les choses qui vous entourent. À l'aide de la pratique magique, vous comprenez que vous avez les rênes de votre vie en main et vous ressentez alors un puissant sentiment d'émancipation. Cette libération des carcans qui vous étouffaient auparavant vous aide à vous construire. Vous êtes une personne entière et fière d'elle.

L'Art a la vertu de vous obliger à prendre du temps pour vous. La réflexion qui accompagne votre pratique, la préparation, puis la réalisation de vos rituels requièrent de votre temps (plus ou moins selon vos envies et vos connexions). Vous pouvez vous y adonner quotidiennement ou occasionnellement. Par exemple, certains adeptes assistent tous les jours au lever du soleil. D'autres ne pratiquent la magie rituélique que lors des grands sabbats, ou seulement à certaines phases de la lune. D'autres encore pratiquent aussi souvent que possible.

Grâce à la Wicca, l'inspiration qui nous submerge encourage notre créativité. Celle-ci peut s'exprimer à divers degrés. Nous pouvons en effet nous exprimer à travers notre apparence, bien que la frivolité ne fasse pas partie des enseignements de notre foi ; notre espace rituélique, avec la décoration d'un autel selon la célébration ; nos outils, qui servent à conduire et à recevoir les énergies naturelles – la baguette notamment. La création d'un livre des Ombres – sorte de journal intime magique – est très satisfaisante, tout comme la préparation et la réalisation des rituels. Les sabbats induisent aussi de nombreuses activités manuelles, dont le jardinage et la cuisine. Les préparations de potions, d'eaux de gemmes, de tisanes, etc., sont un autre moyen d'exprimer sa créativité. La magie que nous pratiquons est le reflet de notre personnalité. Elle peut être matérialisée dans nos intérieurs sous différentes formes : des suspensions ou des mobiles de symboles wiccans, un jardin magique avec ses herbes si utiles aux rituels, des pots-pourris, des pochettes renfermant des ingrédients enchantés et disposées çà et là…

Forger ses propres traditions

Puisque la Wicca a pour but de vous permettre de vous épanouir et d'exprimer votre Moi profond, vous pouvez créer non seulement vos propres rituels et enchantements, mais aussi vos propres traditions.

La plupart des fêtes religieuses et païennes européennes traditionnelles viennent des peuples germaniques, écossais, irlandais, gallois… c'est-à-dire celtes. Le christianisme, issu du bassin méditerranéen, du Proche-Orient et de l'Afrique du Nord, a apporté des éléments culturels plus exotiques qui se sont mêlés à la culture celtique, notamment au moment de la conquête de l'Empire romain, dans l'Antiquité. Ce mélange d'influences, de dogmes, de civilisations, s'appuyant sur des rites de célébration des éphémérides, a donné lieu à une grande ouverture d'esprit et à une grande acceptation des diverses sensibilités wiccanes.

Ceci nous apprend que nous ne sommes pas obligés de tous croire la même chose, puisque notre foi dépend de plusieurs facteurs se trouvant au-delà de nos simples affinités. En plus des sabbats et esbats du calendrier wiccan, nous pouvons célébrer des fêtes ou des événements en rapport avec notre lieu de vie.

Les sabbats (à l'origine des fêtes agricoles et climatiques) correspondent aux saisons des régions tempérées, mais un wiccan vivant sous d'autres latitudes verra peu d'intérêt dans la célébration occidentale de Yule ou de Lammas, par exemple. D'autres dates importantes peuvent ainsi venir enrichir votre roue de l'année, qu'il s'agisse d'événements agricoles ou climatiques propres à votre lieu de vie (la mousson...) ou de fêtes familiales (anniversaires, commémorations...). Vous êtes libre de créer vos propres traditions, de les honorer seul ou en groupe (lors d'un repas de famille, par exemple) et de les transmettre aux générations suivantes.

Par ailleurs, nous pouvons nous sentir fiers de l'héritage de notre famille et nous inspirer de nos origines : des wiccans italiens, inspirés par leurs ancêtres et leur terre natale, pourront invoquer les divinités romaines pour nommer la Grande Déesse et le Dieu Cornu. Mais au-delà d'un sentiment de « filiation » ou d'appartenance culturelle, nous pouvons être inspirés par le panthéon grec ou celtique sans complexe, pouvons pratiquer nos rites selon les traditions nord-américaines ou encore précolombiennes. Nous sommes libres de forger nos propres croyances, à partir du moment où elles s'accordent avec les préceptes de la

Wicca, qui nous enseigne avant tout de suivre notre intuition et notre foi.

Voyons maintenant quels sont les grands principes inspirants à l'œuvre dans la spiritualité wiccane…

II

SAGESSE ET GRANDS ENSEIGNEMENTS DE LA WICCA

La Wicca repose sur quelques grands principes fondateurs : le culte de la dualité primitive de la Nature et des cycles naturels, ainsi que le respect du féminin sacré et de la morale wiccane.

LE CULTE DES DIVINITÉS JUMELLES DU PANTHÉON WICCAN : LA DUALITÉ PRIMITIVE DE LA NATURE

Le panthéon de la Wicca repose sur la complémentarité fondamentale de l'élément féminin et de l'élément masculin. À la fois antagonistes et dépendants, ils s'interpénètrent dans une roue qui tourne à l'infini. Incarnés par des divinités – traditionnellement en une déesse et en un dieu, selon les grandes cultures polythéistes –, ils font partie intégrante de la Nature, car ils en sont les personnifications.

Le fait d'être croyant n'a aucune importance dans la Wicca, sa pratique ou le respect de ses principes. On peut avoir une foi en la divinité à la manière des chrétiens qui voient en la Sainte-Trinité la création et l'organisation du monde, ou bien être athée et concevoir les divinités comme des êtres nous permettant d'expérimenter une approche concrète de notre rapport au monde (la mort, le vent, le soleil, la procréation, l'amour, la pluie, les arcs-en-ciel...).

Étudier les divinités dans des anthologies dédiées aux mythologies permet de comprendre l'importance de chacun des aspects de notre monde dans la spiritualité originelle, et la manière dont les hommes et les femmes de jadis les ont personnifiés pour mieux les appréhender et les amadouer. Saisir l'importance de chaque dieu et de chaque déesse – même les divinités mineures, qui sont souvent des facettes particulières du Dieu et de la Déesse – permet de faciliter notre culte de la Nature.

La Wicca considère généralement la Déesse et le Dieu comme des entités créatrices, égales, chaleureuses, aimantes et bienfaisantes, malgré leur côté enchanteur et sombre à la fois. Ils sont en effet omniprésents dans notre monde, et non pas supérieurs, distants et éthérés comme le Dieu des religions monothéistes. Il ne peut donc y avoir d'idolâtrie pour la personne de la Déesse ou pour celle du Dieu. Ils se manifestent à chaque instant de nos vies et nous entourent de leur présence : ils sont l'universalité. Pour cette raison, les wiccans les invoquent pour leur exprimer leur respect et leur gratitude, mais également pour imprégner leurs rites de leur puissance.

Pour honorer les puissantes forces de la Nature qu'incarnent le Dieu et la Déesse, créez un sanctuaire ou un autel qui leur est dédié :

- ménagez un petit espace sur une table ou sur un plateau ;
- disposez-y un brûleur à encens, une assiette ou un bol d'offrandes ;
- placez également deux bougies : une verte qui représentera la Déesse, et une rouge, le Dieu (couleurs de la vie et de la mort) ;
- vous pouvez également y placer des fleurs de saison, des objets personnels (des statuettes représentant

les divinités, etc.) ou des choses glanées dans la Nature qui vous rappellent le Dieu ou la Déesse ;

- commencez votre rite en apportant une offrande aux dieux ;
- allumez les bougies et l'encens ;
- prononcez une invocation, la vôtre ou celle-ci :

Déesse de la Lune, de l'amour,
mère de toutes les douces créatures,

Dieu du Soleil et du jour,
des bêtes sauvages et des forêts inviolées,

Acceptez cette offrande,
ô sublimes puissances de la Nature,

Donnez-moi la sagesse de sentir votre force
sur la Terre sacrée !

Célébrer la Grande Déesse et l'énergie féminine

La Grande Déesse incarne l'énergie féminine, la féminité. Mère universelle, source de fertilité et de création, elle est la douceur et la maternité. Envoûtante, sensuelle, elle n'est que beauté pure et originelle. Associée à la nuit et à ses mystères, elle est naturellement corrélée à la Lune et à la mort car, si elle offre le cadeau de la vie en tant que déesse de la fécondité et de la naissance, elle promet aussi à chacun une fin qui permettra un renouveau.

En ce sens, elle représente la femme dans toutes ses dimensions : elle se nomme alors la Triple Déesse. Le temps, la vie de la femme et les phases de la lune sont contenus dans l'image de la déesse aux trois apparences. La Triple Déesse est d'ailleurs symbolisée par le dessin d'une lune dans ses trois phases.

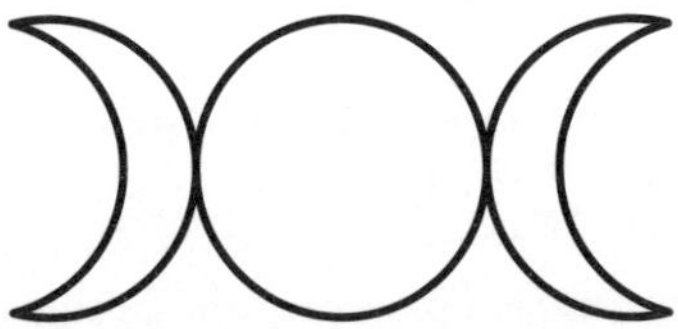

- La jeune fille est le premier croissant de lune. Ivre de sa jeunesse, elle est pleine d'énergie et de promesses : l'excitation et l'insouciance guident ses pas.

Déesse de la beauté, de l'amour et de l'espoir, elle n'est que pureté et innocence. Le blanc est sa couleur. Sa saison est le printemps, car il symbolise les nouveaux commencements, le potentiel, le possible et, surtout, l'enchantement.

- La mère correspond à la pleine lune. Déesse de l'amour, de la bonté et de la protection, elle est la maternité. Symbole de fertilité et de guidance, elle pourvoit à tous les besoins, elle nourrit et assure la stabilité, ainsi que la plénitude. Elle incarne également la puissance et la vie, car l'été est sa saison, et le rouge, sa couleur. Elle guide vers la paix intérieure, stimule l'intuition et contribue au développement psychique et spirituel.
- La vieille femme est le dernier croissant avant la lune sombre : elle est la sage gardienne des mystères. Déesse de la connaissance et de l'expérience, elle est emplie de toute une vie de savoir, mais également de compassion. Sa saison est l'hiver et sa couleur est le noir, car elle rappelle l'imminence de la mort, même si le cycle de la vie ne s'arrête jamais. La vieille femme redeviendra jeune fille au fil des saisons.

La Triple Déesse nous enseigne que, au-delà de la mort, nous sommes amenés à renaître, à connaître une nouvelle phase, à nous épanouir à nouveau, comme à chaque instant du cycle de la vie. Elle nous rappelle avec chaleur et bienveillance que nous faisons partie d'un tout qui nous transcende.

Dans les différentes religions, la Grande Déesse a porté divers noms. Il n'appartient qu'à vous de choisir celui avec lequel vous vous sentez le mieux pour vos rites et enchantements parmi Diane, Hécate, Artémis, Athéna, Héra, Cybèle, Isis, Bastet, Sekhmet, Hathor, Ishtar, Brigid, Cerridwen, Épona, Ea, Hina, Freyja...

Divers artefacts sont également associés à la Grande Déesse, comme la coupe et le chaudron (des représentations matricielles), la coquille Saint-Jacques, les coquillages, le miroir, les fleurs à cinq pétales, la perle, l'argent, l'émeraude...

Les animaux, ses enfants, symbolisent tous la Déesse, même si les créatures de la nuit (la chauve-souris, le chat, le hibou...) et les animaux nobles ou industrieux (le lion, le dauphin, l'abeille...) sont plus évocateurs. L'araignée est une belle représentation également, puisqu'elle est une tisseuse, tout comme la Grande Déesse tisse la trame de nos vies.

Il est très simple de célébrer cette divinité. Il suffit d'arborer un symbole lunaire, comme un bijou ou un tatouage en forme de l'astre sélène, ou bien encore d'effectuer un rituel devant la Lune, éclairé par sa pâle lumière lors d'une nuit dégagée.

En extérieur ou devant votre fenêtre grande ouverte, debout ou assis, vêtu de ciel ou non, sentez la douce lumière lunaire qui caresse votre peau, ressentez les énergies : elles vous pénètrent et vous parcourent.

Pendant ce temps, visualisez votre Déesse, sa silhouette, ses atours, sa forme, puis psalmodiez son nom. Ouvrez votre cœur et votre esprit à l'aura de la divinité lunaire qui se manifeste dans la lumière de son astre. Invoquez-la avec vos mots, votre silence méditatif, une incantation ou la récitation d'un poème comme celui-ci :

Je te salue et t'appelle, Diane,

Céleste merveille à la robe diaphane.

Croissant des cieux étoilés,

Sois avec moi dans mon rituel sacré.

Éveille-moi à tes tons d'argent,

Ô Déesse de l'astre gris et blanc.

Viens, gracieuse reine divine,

Avec ta blanche et douce aura féminine,

Chevauchant tes doux rayons lunaires,

Veiller sur nous, merveilleuse mère.

Célébrer le Dieu Cornu, l'énergie masculine

Le Dieu Cornu représente l'énergie masculine : il est la force virile qui complète la divinité féminine. Ils célèbrent, ensemble, la sexualité fécondante : en ce sens, ils ne font qu'un. Le Dieu, grâce à ses semences et à sa chaleur, permet l'éclosion de la vie, car il est celui qui, dardant ses rayons solaires, permet à la nature de revivre après l'hiver. Si la Déesse appartient au monde terrestre, le Dieu relève du domaine céleste. Cependant, malgré cette tradition qui partage l'Univers en deux, le couple divin n'est que symbiose.

Le Dieu est le fruit des entrailles de la Mère universelle – de la Déesse. Naissant en hiver, il est la promesse du retour des beaux jours et de la saison nourricière. Il grandit tout au long de l'année jusqu'à devenir un homme viril qui s'unit à la Déesse pour la féconder. Par la suite, il s'éteint pour mieux renaître.

Associé au Soleil, il est la source de la vie et assure notre subsistance *via* les récoltes et les animaux, domestiques comme sauvages. Le Dieu tire d'ailleurs son épithète de son apparence physique, qui rappelle sa nature primitive, bestiale : hôte des forêts, des plaines et des champs, il est souvent représenté avec des bois, comme les cerfs, rois majestueux des bosquets, ou bien de simples cornes. Le Dieu Cornu est d'ailleurs aussi figuré par un cercle, tel un soleil, coiffé d'un croissant couché, symbole de sa silhouette cornue.

Dans les civilisations anciennes, le Dieu s'est manifesté sous différentes identités en vertu des qualités qu'on lui prêtait (son aura solaire, sa bestialité...), parmi lesquelles Apollon, Hélios, Pan, Hermès, Cernunnos, Konerin, Thot, Râ, Bran, Lugh, Marduk, Thor, Mithra...

Pour lui rendre hommage, il vous suffit de l'honorer en vous ornant de son symbole ou d'artefacts l'identifiant dans la culture collective : le croissant de lune couché, les bois, les animaux de la forêt comme le cerf… De nombreux objets le représentent : tous ceux dont la forme est phallique (cornes et bois), les baguettes magiques, les armes (épées, dagues, couteaux, lances, tridents, flèches…), les faucilles, mais aussi les chandelles, l'or, le laiton et le diamant.

Parmi ses animaux tutélaires, on retrouve les bêtes de la forêt (cerfs, sangliers, loups...), celles qui servent à la chasse (chiens, rapaces), les créatures légendaires (dragons...), ou encore les animaux traditionnellement associés à la virilité (taureaux et reptiles).

Vous pouvez le célébrer en réalisant un rituel énergisant, baigné de lumière solaire.

En extérieur ou devant votre fenêtre grande ouverte, par un temps dégagé, debout ou assis, vêtu de ciel ou non, au moment du réveil, mettez-vous face au soleil. Laissez votre corps et votre esprit recevoir la chaude lumière du dieu solaire. Elle vous dynamise. Alors que vous vous rechargez, pensez à votre Dieu Cornu, visualisez-le dans toute sa majesté, rayonnant et chaleureux, comme s'il sortait des bois pour venir à votre rencontre, auréolé de rais de soleil jouant dans les arbres, entouré de cerfs, de loups et de faucons. Psalmodiez le nom que vous lui avez choisi. Entrez en harmonie avec l'énergie solaire qui réchauffe votre corps et votre âme, tout en invoquant le Dieu avec vos mots, un silence révérencieux, une incantation ou ces quelques vers :

Je te prie et t'appelle, ô Apollon,

Germe caché de la vie et de la création.

Seigneur flamboyant du soleil ardent,

Berger des bêtes et seigneur des champs,

Éveille-moi en dardant des rayons de feu

Vers mon cœur qui prononce ce vœu.

Répands quotidiennement ton or
sur la Terre,

Ô divin amant de la Déesse lunaire,

Et chassant ainsi les ombres ténébreuses,

Chéris et nourris la Nature généreuse.

VIVRE UNE UNION JOYEUSE AVEC LA NATURE : RENOUER AVEC LES CYCLES NATURELS

Dans la Nature, tout a une naissance, une vie, une mort et une renaissance, dans un cycle infini. La Wicca respecte un calendrier précis en honorant la roue des saisons, des équinoxes et des solstices, mais aussi les phases de la lune, afin d'être en accord avec le rythme universel ; car chaque rayon de la roue du temps a un sens profond et mérite d'être célébré.

Relever les défis des saisons

Au-delà du rythme du jour et de la nuit, le cycle le plus évident est celui des saisons : les quatre saisons que nous connaissons et les périodes qui leur sont associées, comme les beaux jours, la saison froide, l'été indien, ainsi que leurs particularités météorologiques diverses (le tout sans ignorer les bouleversements climatiques qui sont aussi à l'œuvre). Il appartient à chacun d'adapter son calendrier wiccan à celui de son environnement, afin de rendre hommage comme il se doit à la Nature et d'en sublimer la magie.

La Wicca s'adapte grâce à sa souplesse et à son ouverture aux autres terres, et permet de nous harmoniser aux autres continents et à la Nature tout entière. Elle nous invite à nous (re)connecter à la Nature et à la vie primitive, à la faune et à la flore.

Ainsi les saisons ont-elles toutes une signification avec laquelle les wiccans doivent s'accorder pour pratiquer leur Art au mieux. Chacun des quarts de l'année est propice à une certaine énergie : c'est aux enchanteurs de la canaliser.

L’automne

Cette saison marque le déclin de la vie sur Terre. À mesure que les températures deviennent plus fraîches, que la Nature se pare d’ocre et de vermillon, et que les feuilles sèches et mordorées tombent des arbres, l’aura de la mort devient plus tangible à nos yeux. La Nature, essoufflée, s’endort progressivement et paisiblement. Au moment de l’équinoxe d’automne, la nuit égale le jour en durée, mais c’est la nuit qui finit par l’emporter. La mort est accueillie à bras ouverts par l’automne et par les adeptes, car elle est gage de renouveau et de transcendance. On célèbre la mort ou les morts selon les cultures : pour les wiccans, la lumière baissant à mesure que l’obscurité grandit, le voile s’affinant entre les deux mondes, c’est le moment de s’éveiller à la spiritualité.

C’est également le moment de laisser derrière nous nos soucis, nos pensées négatives, nos tourments, comme les arbres quittent leurs parures orangées et brunes. Une attitude cathartique nous aide à nous éveiller, purifié et régénéré, quand la roue de l’année est à nouveau dans la lumière.

En prenant de la distance avec nous-même, nous devons préparer notre renaissance. L’automne est un temps méditatif qui nous permet de préparer nos projets sur le long terme, de nous organiser pour la période de renouveau, quand les beaux jours seront de retour et que la Nature sera généreuse.

L'hiver

Cette saison représente une période de défis à relever malgré le froid et le profond sommeil de la Nature. C'est en effet une phase de gestation, car les forêts, les plaines et les champs préparent leur renouveau. Nous sommes entre la mort et la renaissance, et nos projets sont définis. Les graines sont prêtes à germer et nos idées aussi. L'hiver est donc un temps de sommeil bénéfique, à la fois réparateur et constructif.

Le printemps

Cette saison annonce le retour de la période lumineuse, durant laquelle la Nature sort de l'ombre. Au moment de l'équinoxe de printemps, le jour et la nuit sont de longueurs égales : la vie et la mort se confrontent symboliquement, mais la lumière l'emporte. Les premiers rayons printaniers du soleil réchauffent la Terre et nos cœurs. Une nouvelle vie nous réjouit et nous invite à contempler l'énergie fécondante de l'astre solaire.

À mesure que les premiers bourgeons éclosent, nos idées et nos projets peuvent commencer à prendre corps. Nous pouvons commencer à nous réaliser et à canaliser la belle énergie des couleurs, des senteurs et des sons enchanteurs de la Nature renouvelée pour nous affirmer et nous dynamiser après notre catharsis immanente.

L'été

C'est la saison de la vie, de la chaleur et de l'amour. Les petits nés au printemps, comme les fruits du verger, s'épanouissent au soleil. C'est la saison du feu et des énergies vitales, viriles et sexuelles. Le Dieu et la Déesse nous invitent à fêter nos sentiments, la fertilité et la magie qui se répand sur Terre et dans les cieux – on peut alors contempler les nuits constellées d'étoiles filantes.

Toute la Nature est en éveil et en activité, et nous de même : dynamiques et emplis de passion, nous pouvons poursuivre ou achever nos projets. Nous voulons ardemment atteindre nos buts, car nous sommes ivres de notre énergie et nous avons conscience de notre potentiel. C'est une période gaie et stimulante qui nous rappelle que nous devons être reconnaissants envers la Nature, la Déesse et le Dieu qui nous donnent tant.

La Wicca précède et suit les grandes religions : elles s'accordent sur des dates de célébration, et notamment sur huit jours qui marquent et honorent les phénomènes célestes de l'année.

Célébrer les huit jours de pouvoir au gré de la roue de l'année

Huit jours marquent en effet le calendrier annuel des wiccans : ces « jours de pouvoir » ou « sabbats », pendant lesquels l'énergie cosmique est décuplée, invitent les wiccans à magnifier leur magie par des rites rendant hommage à la nature divine, au couple suprême et aux forces à l'œuvre dans l'Univers. Ils sont liés aux saisons et se répartissent équitablement entre la phase lumineuse et la phase sombre de l'année.

Quatre de ces huit jours sont les équinoxes et les solstices. Les solstices sont le moment où le Soleil atteint son point culminant septentrional ou méridional : nous contemplons alors le solstice d'hiver ou celui d'été. Les équinoxes correspondent à la traversée par le Soleil du plan équatorial céleste, ce qui se produit également deux fois par an. Ces deux équinoxes, du printemps et de l'automne, donnent lieu à des nuits et des jours de longueurs égales.

Les quatre autres jours reposent sur d'anciennes fêtes païennes devenues des célébrations religieuses populaires pour certaines.

Les huit sabbats sont merveilleusement représentés sur la roue de l'année wiccane, qui nous rappelle que tout est cycle, ordre et infini, et qu'elle continuera de tourner longtemps après nous.

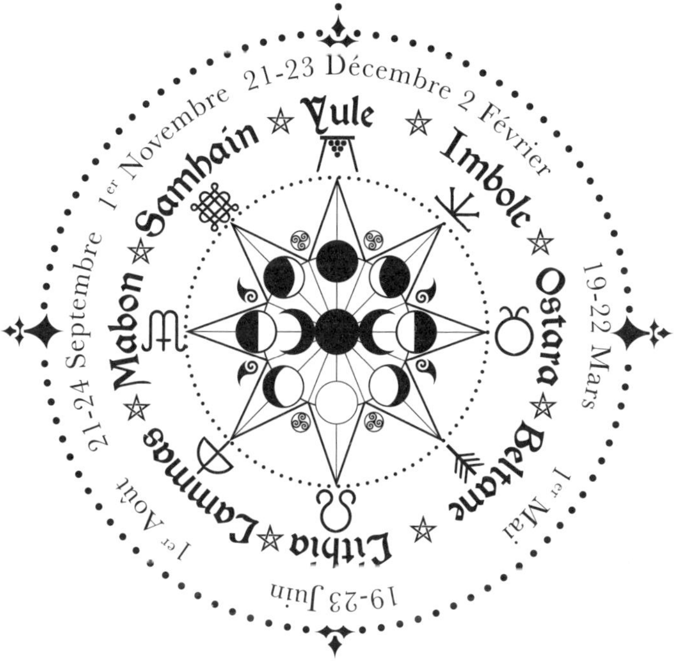

Cette roue peut naturellement être enrichie selon vos habitudes de vie, des événements familiaux intenses, ou encore votre façon de ressentir la Nature terrestre ou céleste selon le lieu où vous vivez (la montagne, la mer, le Nord, le Sud, sous un climat continental, océanique…). Par exemple, les nuits d'été sont propices à l'observation des étoiles filantes : l'essaim des Perséides est particulièrement dense et parcourt le ciel estival autour du 12 août (aussi appelé « nuit des étoiles »). Si ces nuits constellées d'aérolithes vous enchantent au plus haut point, elles auront toute leur place sur votre roue.

Les huit jours de pouvoir racontent le cycle de la Nature, au gré des saisons, et l'histoire corrélée de la Déesse et du Dieu, de leur relation maternelle puis charnelle, et de l'influence de cette dernière sur la fécondité de la terre, sur les animaux et sur leurs bienfaits nourriciers. En effet, le domaine agricole – depuis la culture des champs jusqu'à la mise bas des animaux – a marqué la vie des sociétés primitives, ce que nous célébrons encore aujourd'hui.

Yule

Le 21 décembre est la date du solstice d'hiver : c'est une étape importante car c'est le moment où la nuit est la plus longue et où l'obscurité y est la plus profonde.

Ce culte rend hommage autant à la nuit qu'à la lumière qui va revenir, à la fin de l'hiver espérée autant qu'au retour du printemps fleuri et verdoyant, quand la nourriture redevient abondante. Yule célèbre le cycle de la fin et du renouveau : c'est la radieuse promesse d'une Nature ravivée et généreuse. Le solstice d'hiver a longtemps été considéré comme une période de naissances divines : Mithra est né à ce moment-là, tout comme Perséphone et Konerin, fils de la Déesse-Mère Épona, et les chrétiens l'ont associé à la naissance de Jésus. Aussi, selon la tradition wiccane, la Déesse donne-t-elle naissance à un fils, le Dieu, autour du 21 décembre.

Symboliquement, la Déesse est éprouvée pendant l'automne, le temps de sa grossesse, puis elle accouche du Dieu qui sera la divinité solaire, et elle se repose : ce jour de l'année marque donc la renaissance de l'astre solaire, ainsi que le retour des beaux jours et de la chaleur.

L'autel

À l'intérieur – ou à l'extérieur si le temps le permet –, en plus de ses artefacts rituels, décorez l'autel de feuillage persistant, comme des branches de résineux (pin, sapin, thuya...), et de romarin, de lierre, de laurier ou de genièvre, de gui et de houx, ainsi que de simples feuilles mortes. Vous pouvez les poser ou les suspendre au-dessus de l'autel ou à la table qui vous sert d'autel. Disposez-en également sur le sol, à l'intérieur d'un cercle magique (voir chapitre IV, p. 192). Les pommes de pin et les bûches sont également bienvenues.

Agrémentez votre autel de couleurs de saison, comme le rouge et le vert, qui représentent les beaux jours à venir, et le noir et le blanc, qui symbolisent quant à eux les jours sombres et glaçants.

Vous pouvez faire un feu dans votre chaudron avec de l'alcool inflammable ou bien y allumer une bougie rouge.

Quand tout est prêt, méditez sur la sombre période de somnolence que traverse la Terre, pensez aux énergies cachées qui sommeillent et qui s'épanouiront bientôt, qu'elles soient en nous ou autour de nous. Accueillez le Dieu, réjouissez-vous de sa naissance : la vie poursuit son œuvre même dans l'obscurité. Prononcez une incantation si vous le souhaitez.

Grand Dieu solaire, j'accueille ton retour,

Puisses-tu briller avec éclat tous les jours !

Le monde a sombré dans le sommeil

Mais ta renaissance annonce son réveil.

La lumière va désormais croissant

De la mort hivernale éclot la vie
au printemps.

Tu feras germer les graines
sur la terre fertile

Car la roue tourne, ainsi soit-il.

Les traditions

À l'époque de Yule, on célèbre la promesse du retour de la lumière : allumez des chandelles ou des feux à la tombée de la nuit. Brûler du pin dans votre chaudron vous portera chance pour l'année à venir. La célébration peut commencer avant l'aube ou au moment du crépuscule : prenez une bûche de pin ou de chêne et sculptez un symbole du Dieu Cornu ou le Dieu lui-même, puis brûlez-la quand l'obscurité recouvre tout de son manteau. Pensez à la lumière qui reviendra, ardente et bienfaitrice. La bûche de Yule dans les flammes représente la naissance du Dieu. Disposez une bûche de pin dans votre maison pour vous apporter protection.

Réfléchissez à vos vœux et projets pour la nouvelle année qui s'annonce et notez-les dans votre grimoire.

Ornez votre maison de plantes et d'arbres de saison, comme le gui, qui apporte protection, santé, fertilité et croissance, le houx, qui représente l'union du Soleil et de la Terre, ou encore le lierre, symbole de vie éternelle. Sur le sapin de Yule, suspendez de la nourriture (pommes, oranges décorées de clous de girofle, sachets d'épices, bâtons de cannelle) : ces denrées nourriront les esprits errants. Suspendez également des cristaux de quartz, seuls ou en guirlande, qui auront l'air de stalactites.

Créez une guirlande de branches de sapin pour décorer votre porte d'entrée. Ce végétal à feuilles persistantes représente la résistance de la vie, la continuité des forces à l'œuvre dans la Nature et la roue de l'année.

Enfin, préparez des boules de verre décoratives et enchantées, garnies des artefacts typiques de Yule, que vous suspendrez à votre sapin ou à une fenêtre, ou bien que vous enterrerez, placerez sur votre autel ou offrirez. Procurez-vous une boule de verre dans un rayon de loisirs créatifs et placez-y, de manière harmonieuse et en vous aidant de colle si nécessaire, des petites branches de sapin, des feuilles de houx, des quartz, etc. N'oubliez pas d'y glisser un petit rouleau de papier sur lequel vous aurez inscrit un vœu, un but que vous vous fixez pour la nouvelle année, ou une ode au Dieu nouveau-né. Scellez-la avec de la colle ou de la cire rouge ou verte, puis fixez-y un ruban aux couleurs de Yule.

Les mets

Régalez-vous de noix, de noisettes, de poires, de pommes (natures, en gâteaux, biscuits, cakes...), de viande de porc, de cidre, de bière épicée, de tisanes ou de thés à l'hibiscus ou épicés !

Imbolc

Le 2 février voit la lumière revenir : les heures de soleil vont croissant et réveillent la Déesse désormais rétablie, après avoir accouché du Dieu. Elle a changé : elle n'est plus une vieille femme, mais une jeune fille. Le Dieu est devenu un jeune garçon qui rayonne davantage de jour en jour. D'ailleurs, sa vigueur et sa force se font sentir au gré des journées qui s'allongent et qui ravivent toute la Nature. La chaleur et les rayons de soleil plus ardents fertilisent la terre. Les premières semences germent et des fleurs éclosent : ce sont les premiers frémissements du printemps.

Imbolc, grande fête du feu, est le moment idéal pour bénéficier du pouvoir régénérateur du soleil après des mois de veille dans nos intérieurs. Ce sabbat est celui de la purification et permet de renouveler ou de confirmer ses vœux à la Déesse, au Dieu, à son *coven* ou encore de réaliser son initiation. C'est une grande fête de la lumière et de la fertilité. Des chandelles doivent être allumées pendant les invocations d'Imbolc.

C'est aussi la fête de la sainte Brigid, incarnation d'un syncrétisme celtique et chrétien. Elle est la déesse de la guérison, des naissances, du feu et du foyer (comme Héra). Freyja est également associée à cette fête en tant que déesse de la fertilité, du mariage, du foyer et de la maison. Voici un exemple d'invocation que vous pouvez utiliser :

La Déesse laisse glisser son manteau
de vieillesse,

Tandis que de la neige, nimbée par
le frimas, éveille sa jeunesse.

Elle se lève lentement et sort de sa torpeur,

Et toi, ô Seigneur du Soleil, tu nous
montres ta vigueur.

La lumière va désormais croissant

De la mort hivernale éclot la vie au printemps.

Les graines germeront sur la terre fertile

Car la roue tourne, ainsi soit-il.

L'autel

Disposez des images de flocons de neige, des fleurs blanches et des plumes sur votre autel. Elles représentent la vie et la lumière. Si vous en avez, placez un peu de neige dans un récipient, en cristal de préférence. Une fois fondue, elle pourra servir à la création d'un cercle magique. Allumez une chandelle orangée, ointe d'huile de musc, d'oliban, de cannelle ou de romarin, puis contemplez sa flamme, car Imbolc est le moment idéal pour développer votre clairvoyance.

Les traditions

Au crépuscule ou après le rituel, allumez toutes les lumières (chandelles ou autres) de la maison pour appeler le Dieu Soleil. S'il a neigé, marchez dans la neige et tracez-y un soleil en pensant à la chaleur du printemps annoncé.

Il est temps de purifier votre environnement : nettoyez et rangez votre espace de vie, triez vos affaires, jetez ce qui est importun, recyclez ou donnez ce qui peut resservir, débarrassez-vous de tout ce qui est négatif dans votre vie, au sens propre comme au sens figuré. Un esprit sain dans un environnement sain. Préparez-vous pour le grand ménage de printemps et pour le grand renouveau de la nature. N'oubliez pas vos artefacts magiques, vos outils et votre autel : purifiez-les et renouvelez-les si nécessaire.

Préparez également vos semis pour votre jardin magique (menthe, sauge, basilic).

Fabriquez une croix de Brigid : symbole de feu et de protection, elle est faite de roseau ou de brindilles que vous trouverez dans la nature. Il est coutume de l'enterrer ou de la brûler pour appeler la chance et saluer le Soleil.

Les mets

Dégustez des produits laitiers de toutes sortes en hommage à la mise bas, des épices, des légumes de saison, des vins épicés, et des raisins secs, qui rappellent le Soleil.

Ostara

L'équinoxe du 21 mars marque le premier vrai jour du printemps. Les jours et les nuits sont d'égale durée et la lumière triomphe de l'obscurité. Nous entrons dans la moitié lumineuse de la roue de l'année. La nature a quitté le sommeil hivernal pour s'éveiller dans la fraîcheur printanière : les énergies à l'œuvre sont le renouveau, la renaissance et la résurrection. Ostara, d'origine romaine, est un sabbat différent de Pâques, car la fête chrétienne correspond au premier dimanche après la première pleine lune qui suit l'équinoxe de printemps.

La Déesse, Mère Nature, s'éveille et répand sa fertilité sur la terre, tandis que le Dieu, plus puissant et plus ardent, atteint sa maturité. C'est un homme qui parcourt les champs verdissants, les bois regorgeants de vie et qui se réjouit de l'abondance de la nature généreuse. La Déesse et le Dieu invitent les animaux à s'unir et à se reproduire. La chaleur qui se répand, la floraison et la lumière éclatante imprègnent le cœur de la Déesse et du Dieu, alors dans la fleur de l'âge, d'allégresse et d'amour.

Les divinités associées à cet équinoxe sont Ostara, déesse germanique de la fertilité, Éostre (dont le nom a donné *Easter*, « Pâques » en anglais) ou Seostra, déesse de la fertilité chez les Anglo-Saxons, dont l'attribut est le lièvre, Pan, dieu de la sexualité, de la fécondité et des troupeaux, Perséphone lorsqu'elle quitte Hadès et revient chez sa mère, Déméter, qui revêt la terre de sa robe printanière.

Pour accompagner l'essor du printemps, nous devons nous activer, sortir de notre dormance, convoquer nos énergies pour commencer de nouvelles choses, et notamment nous occuper du jardin. Voici un exemple d'incantation afin de lancer ce mouvement de renouveau :

Louées soient la floraison parfumée
et les fécondes unions

Ô Grande Déesse, ô Grand Dieu,
louée soit votre affection

Je vénère la Terre-Mère
et ses généreux trésors,

J'honore le Soleil puissant, grand et fort

La lumière va désormais croissant

De la mort hivernale éclot la vie au
printemps.

Les graines germent sur la terre fertile

Car la roue tourne, ainsi soit-il.

L'autel

Agrémentez votre autel et votre cercle de fleurs. Remplissez votre chaudron d'eau de source et de fleurs également. Ornez vos cheveux et vos vêtements de fleurs en boutons ou écloses. Touchez-les, sentez-les, imprégnez-vous des énergies stimulantes et vivifiantes du printemps.

Les traditions

Cueillez des fleurs sauvages, en les remerciant pour leur sacrifice, ou bien achetez-en. Trouvez les significations de celles que vous avez choisies grâce aux livres, à votre intuition ou à vos dons de clairvoyance.

Promenez-vous à pied, dans un jardin, un parc, un bois.

Occupez-vous de votre jardin magique (jardinière, potager, culture de simples…) et consacrez-vous à des travaux d'herboristerie, qu'ils soient magiques, médicinaux, cosmétiques, culinaires ou artistiques. Vos enchantements doivent s'orienter vers l'espoir, l'amour, la chance, la fécondité et la force d'atteindre ses buts.

C'est le moment du ménage de printemps : continuez à désencombrer vos espaces et votre esprit. Concentrez-vous sur ce qui compte et débarrassez-vous du superflu. Ne soyez pas matérialistes : contrôlez ce que vous possédez et ne vous laissez pas posséder par vos biens. Purifiez vos espaces avec du sel et des herbes rituéliques jetées dans l'eau de ménage.

Décorez des œufs, symboles de fertilité, de fécondité, de germe et de potentiel. Colorez-les de manière naturelle en les faisant bouillir avec certains végétaux :

- en rouge : betteraves, framboises, cerises, peau d'oignons rouges ;
- en rose : betteraves, canneberges, cerises ;
- en orange : carottes, peau d'oignon jaune ;
- en jaune : safran, camomille ;
- en vert : épinards ;
- en bleu : myrtilles, chou rouge, fleurs de pois bleu, jacinthe ;
- en violet : vin, chou rouge.

Ajoutez un peu de vinaigre dans la casserole pour mieux révéler la couleur, puis, quand ils sont froids, huilez les œufs pour leur donner de la brillance.

Les mets

Délectez-vous de graines (tournesol, sésame, citrouille, courge...), de germinations, de légumes feuillus verts et de fleurs : beaucoup sont comestibles, comme les roses, les violettes, les capucines...

Beltaine

Dans la nuit du 30 avril au 1er mai, au cœur du printemps, le Dieu est devenu un homme. Alors que la végétation est abondante, les fleurs épanouies, les jours de plus en plus doux et que les animaux participent à la perpétuation de leur espèce, le Dieu et la Déesse éprouvent du désir l'un pour l'autre. Ils tombent amoureux et s'unissent. La Grande Déesse tombe enceinte du Dieu Cornu.

Le symbole de la fécondité divine est célébré par un rituel dans lequel les festins et les fleurs ont une place importante. La flore, la verdure et les arbres sont fêtés dans les prés, les jardins ou les bois. C'est le moment où l'on dresse un arbre fabriqué pour l'occasion : l'arbre de mai. Celui-ci et le chaudron sont le centre des festivités, car l'un représente le Dieu dans sa dimension phallique et l'autre, la Déesse dans sa dimension matricielle. Le désir et la vigueur sexuelle fécondante sont à l'honneur.

La Grande Déesse est souvent vénérée sous la forme de Brigid, et le Dieu sous la forme du dieu celtique Beltaine (aussi appelé « Bélénos », « Bel », ou « Bal »), assimilé par les Romains à Apollon, divinité solaire dont le nom signifie « celui qui brille ». Voici une ode à ces divinités :

Je célèbre l'union de la jeune Déesse
féconde,

Et du jeune Dieu dont la semence abonde.

La Terre-Mère répand ses couleurs
et ses senteurs,

Le Soleil prodigue sa vigueur et sa chaleur.

Le roi du jour et des forêts fait le cadeau
de l'abondance,

La reine des nuits et de la vie
offre la croissance,

La Nature se réjouit de la divine idylle,

La roue tourne, ainsi soit-il.

L'autel

Dressez-le dans la forêt ou près d'un bel arbre bien vert. Placez des fleurs autour de votre chaudron et suspendez à un arbre une offrande que vous aurez créée en l'honneur du mariage de la Déesse et du Dieu ; un sachet de fleurs odorantes ou de quartz rose, une effigie du couple divin, ou encore une guirlande de fleurs conviendront, du moment que vous y mettez tout votre respect et tout votre amour pour la Déesse et le Dieu. Utilisez de l'avoine – qui attire la chance – pour créer votre cercle magique.

Les traditions

L'arbre de mai est une tradition ancienne (attestée dès la préhistoire) très importante : ornez-le de fleurs à l'aube du 1er mai. Décorez également votre maison de fleurs et de branches, et votre corps de broches ou de colliers fleuris, ainsi que de couronnes de pâquerettes.

Le tissage et le tressage de matériaux végétaux représentent l'union de deux matières pour en produire une troisième, ce qui correspond à l'esprit de Beltaine et à l'union fécondante du couple divin.

Allumez des feux sacrés avec des bois de pommier, de saule, de noisetier, de chêne, de bouleau, de vigne ou de sorbier. Lors des rituels, leur rôle est de bénir et de protéger les animaux d'élevage et les humains, mais aussi de célébrer la joie de vivre. Ils représentent bien entendu la vie, l'été qui approche et sa chaleur si propice à la croissance. Enfin, ils symbolisent cette dynamique cathartique qui nous libère grâce à « la magie de la flamme ». Écrivez les éléments toxiques de votre vie sur des morceaux de papier, puis brûlez-les et, ce faisant, prononcez ces mots :

Ta place est dans les flammes, tu n'as plus de prise sur ma vie,

De ton emprise, je libère mon âme, je m'en affranchis.

Qu'il en soit ainsi.

Recommencez autant de fois que nécessaire. Vous vous sentirez libéré, comme déchargé d'un lourd fardeau, et disposé à vous épanouir en dépit des événements ou d'autrui. Quand vous avez fini, écrivez dans votre grimoire tout ce qui est bon pour vous, des choses qui pourraient sembler insignifiantes, mais qui vous font ou vous ont fait du bien.

Après ces réjouissances et ces purifications, il est temps de vous retrouver et de vous livrer à une méditation approfondie qui vous permettra d'entrer en vous-même et de vous sentir en sécurité pour mieux aller de l'avant.

Créez des amulettes de quartz rose pour les offrir à vos proches : elles seront gages de positivité, de réconfort et de passion. De plus, elles chasseront les pensées négatives.

Enfin, lancez-vous dans des enchantements d'amour et de romance, de protection et de purification.

Les mets

Savourez des aliments à base de produits laitiers, de fleurs et d'avoine.

Litha

Au 21 juin, les énergies de la nature atteignent leur paroxysme. Il s'agit du solstice d'été, c'est-à-dire du jour le plus long de l'année.

La nature luxuriante et généreuse est pleine de la fertilité de la Déesse et du Dieu. Ceux-ci sont dans leur pleine gloire après les épreuves des jours sombres. Depuis la préhistoire, ce sabbat est célébré partout dans le monde, avec, par exemple, les grandes pyramides, Stonehenge, les observatoires des civilisations précolombiennes au Pérou, etc., qui marquent précisément la position du Soleil en ce jour. L'astre solaire est également fêté grâce aux feux allumés, comme à Beltaine.

S'il faut rendre hommage à l'astre solaire, c'est aussi le moment de travailler sur notre côté sombre et sur ce qui nous nuit. À l'instar de Beltaine, Litha est un jour de pouvoir propice à notre épanouissement : nous devons nous affronter et ne pas nous fuir, afin de nous libérer.

Ô couple divin, Grande Déesse
et Dieu Cornu magnifiques,

Vivent votre énergie et votre feu
cathartique !

Je vous remercie par ce vœu
et ce mystique rite

Car le Soleil qui consume et purifie
est au zénith.

Le roi du jour et des forêts fait le cadeau
de l'abondance,

La reine des nuits et de la vie
offre la croissance.

La nature se réjouit de la virile idylle,

La roue tourne, ainsi soit-il.

L'autel

Disposez une guirlande de fleurs autour de votre autel pour la protection. Placez des images ou des symboles solaires pour honorer le Dieu à son zénith. Posez des feuilles de chêne qui représentent la divinité pour fêter sa présence et sa future absence.

Préparez un rituel :

- remplissez un sac en papier ou en tissu de lavande, de camomille, de millepertuis ou de verveine. Ce faisant, déversez-y vos problèmes, vos chagrins, vos difficultés et tout ce qui vous pollue l'esprit ;
- fermez le sac avec une ficelle rouge ;

- allumez une chandelle rouge sur votre autel ou faites un feu si vous êtes dehors. Passez le sachet dans la flamme, puis laissez-le se consumer dans votre chaudron ;
- ajoutez-y une liste papier de tout ce qui vous empêche d'avancer. Observez tous vos tourments partir en fumée. Vous êtes soulagé, un sentiment de plénitude vous envahit ;
- pensez à faire sécher vos herbes magiques près de votre feu rituélique.

Les traditions

Le solstice d'été se prête à toutes les formes d'enchantements appelant la guérison, l'amour, la chance, l'énergie, la passion et la protection. À Litha, pratiquez une magie délicate et exigeante, car les énergies qui nous entourent sont à leur paroxysme et nous aident à être performants dans notre Art.

C'est le moment idéal pour les rituels avec le feu : les feux de joie estivaux représentent le Soleil, le Dieu, les heures diurnes supplémentaires dont nous bénéficions, ainsi que la sensualité, la fertilité, et donc la vie.

Si vous aimez travailler avec les fées et le Petit Peuple de manière générale, Litha est l'occasion de vous y consacrer : en effet, en été, les fées parcourent la nature en compagnie des animaux sauvages. Déposez des offrandes comme de la nourriture, des clochettes ou des objets brillants dans votre jardin ou dans les prés et forêts alentour. Les petits êtres en seront enchantés et sauront vous le rendre.

Les mets

Régalez-vous de fruits frais et de saison en jus, en salade, à croquer, etc.

Lughnasadh/Lammas

Le 1er août marque la première récolte, les premières moissons, lorsque les premiers fruits tombent et que les graines sont stockées pour un usage ultérieur et pour assurer les récoltes futures. Il s'agit du troisième festival de lumière et du premier véritable festival de récolte automnale, entre le solstice d'été et l'équinoxe d'automne.

Alors que l'été se consume, nous commémorons sa chaleur et son abondance en consommant la nourriture qu'il nous a permis de glaner. Chaque repas composé de mets de saison nous permet de nous harmoniser avec la Nature.

Symboliquement, le Dieu Cornu perd peu à peu ses forces à mesure que son astre se lève chaque jour de plus en plus loin au sud, et que les nuits s'allongent. Son épouse observe la situation avec tristesse et joie, en comprenant que son bien-aimé – qui continue de vivre en elle comme son enfant – est à l'agonie. Pourtant, Lammas nous rappelle que la mort des plantes nourricières nous permet de vivre, aussi le cycle de la vie continue-t-il.

Lughnasadh est nommé ainsi en l'honneur du dieu celtique Lugh, divinité qui resplendit au cœur de l'été, mais qui représente aussi l'union du ciel et de la terre, ainsi que de la vie et de la mort, car il est le fils de la lumière et des ténèbres.

Le temps de la première récolte est là,
soleil ardent,

Ô seigneur du grain, dieu des champs
mûrissants.

Malgré les nuits qui s'allongent,
la Déesse a donné ses richesses,

Malgré les nuits qui rafraîchissent,
remercions-la de ses largesses !

Le roi du jour et des forêts a fait le cadeau
de l'abondance,

La reine des nuits et de la vie
a offert la croissance.

La Nature se réjouit de l'idylle infinie,

La roue tourne, qu'il en soit ainsi.

L'autel

Disposez, près de vos objets rituéliques, des gerbes de blé, d'orge et d'avoine, ainsi que des fruits et du pain préparé par vos soins, en forme de soleil si vous le souhaitez. Ajoutez une poupée de maïs pour représenter la Déesse.

Parsemez des grains de blé sur votre autel en frottant des épis. Renforcez votre cercle magique en le marquant de grains de blé, de maïs ou d'avoine.

Les traditions

Après la célébration, semez les graines des fruits que vous avez consommés pendant votre rituel : occupez-vous soigneusement des plantes qui germeront, car elles participeront de la création divine.

Tressez des poupées de maïs. Travaillez également les feuilles de blé et la paille.

De la même façon, c'est le moment idéal pour créer votre propre balai rituélique en ramassant divers végétaux.

Promenez-vous dans les champs, dans les vergers, près des points d'eau et respectez la Nature.

Adonnez-vous à des enchantements appelant l'abondance, la sécurité matérielle, la réussite professionnelle, l'accomplissement intellectuel... Profitez des derniers chauds rayons du soleil pour sublimer cette énergie dans votre pratique de l'Art.

Cuisinez du pain, de la variété que vous souhaitez, et donnez-lui une forme de soleil. Quand vous le préparez, pensez au Dieu et à la Déesse, ainsi qu'à la terre nourricière.

Les mets

Dégustez le pain que vous aurez préparé vous-même, des fruits et des baies (mûres…), des céréales, des gâteaux et du cidre.

Mabon

Le 21 septembre est le jour de l'équinoxe d'automne, qui achève la moisson commencée à Lughnasadh. Il s'agit du dernier festival de lumière, donc cette dernière récolte de la saison est aussi un temps de célébration du travail agricole. Le jour et la nuit sont d'égale durée pour la deuxième fois de l'année : alors que la lumière poursuit son déclin, la Nature entière se prépare pour l'hiver.

Le Dieu Cornu décline comme l'astre solaire. Il se prépare à quitter son corps matériel pour entamer son voyage vers l'Invisible, ce qui le mènera vers la renaissance, puisque la roue ne cesse de tourner. La Déesse, quant à elle, sombre également dans le désespoir tandis qu'elle assiste à la fin de son amant. Pourtant, le feu brûle dans sa matrice. Elle sent la présence du Dieu alors même qu'il décroît, car il est à la fois son époux, son enfant, et le père de son enfant à naître. La mort est sur nous, mais la vie frémit.

Ce sabbat célèbre Mabon, dieu de lumière dans la tradition galloise : fils de la Terre-Mère, Modron, il est aussi le dieu de la chasse et fut associé à Apollon par les Romains. Déméter et Perséphone sont également à l'honneur, car la mère de la reine des Enfers se lamente du départ de sa fille.

L'obscurité s'apprête à recouvrir la Terre
et le Dieu solaire,

La Déesse réchauffe son cœur en pensant
aux doux jours de naguère.

Les feuilles tombent et les vents sifflent
en automne,

Mais je plante les graines que la Nature
me donne.

Le roi du jour et des forêts avait fait
le cadeau de l'abondance,

La reine des nuits et de la vie avait offert
la croissance.

La Nature observe la triste idylle,

La roue tourne, ainsi soit-il.

L'autel

Ornez-le de glands, de noix et de noisettes, de petites branches de chêne, de pommes de pin, de cyprès, d'épis de maïs et de blé. Apportez un petit panier de feuilles mortes de différentes nuances de jaune, d'orange et de rouge que vous aurez ramassées, puis dispersez-les sur l'autel pendant votre rituel.

Les traditions

Promenez-vous dans des lieux sauvages et boisés, respirez l'odeur de la forêt, humez le parfum de l'automne. Glanez de jolies feuilles, des fruits à coque et des pommes de pin, qui serviront à vos enchantements et décoreront votre intérieur.

Créez des bougeoirs avec des pommes : creusez le trognon afin d'y glisser une bougie. N'oubliez pas d'arroser la chair de quelques gouttes de jus de citron afin qu'elle ne noircisse pas.

Remplissez une corne d'abondance, symbole de la générosité des récoltes et de la terre nourricière.

Réalisez des enchantements pour l'équilibre, le calme, la plénitude, la protection et le réconfort pour les mois froids qui approchent.

Fabriquez des bijoux ou de petits objets avec des glands : enchantez-les pour attirer la chance et la protection pour l'hiver, puis placez-les sur votre autel ou offrez-les.

Les mets

Délectez-vous des fruits des cueillettes de la seconde récolte – surtout des pommes, qui peuvent être cuisinées de mille et une façons –, de céréales, de légumes, de légumineuses (courges…) et de maïs (nature, en préparation, en pain…).

Samhain

Le 31 octobre est un sabbat qui honore le temps du sacrifice. En effet, Samhain (à prononcer « sow-in ») était le moment où l'on abattait les animaux afin d'assurer les réserves de nourriture pour l'hiver. C'est également le moment de dire au revoir au Dieu mais, s'il s'éteint un moment, c'est pour mieux revenir à Yule. Il est alors associé aux animaux sacrifiés pour assurer notre survie.

Ce jour de pouvoir est celui où la séparation entre la réalité matérielle et la réalité spirituelle est très mince. Le voile entre le monde des vivants et le monde des morts est si ténu qu'il nous amène à nous souvenir de ceux qui ont été sacrifiés sur l'autel de la mort : nos proches et nos ancêtres, mais également tous les animaux qui nous ont servis ou que nous avons aimés. Il ne faut pas désespérer à leur sujet : ils sont passés à de plus grandes choses. Les âmes ne meurent d'ailleurs jamais, puisque la réalité matérielle n'est pas la réalité absolue. Samhain nous invite à réfléchir à l'année qui vient de s'écouler et aux vœux que nous souhaiterions formuler pour le nouveau cycle à venir, à la manière des bonnes résolutions du Nouvel An laïc.

Sa date oscille entre le 31 octobre et le 1er novembre, mais il doit être entre l'équinoxe d'automne et Yule, étant le pendant d'Ostara dans la roue de l'année. Il est souvent considéré comme le premier festival de l'année wiccane. Halloween découle de ce sabbat, mais est beaucoup plus ludique, notamment par son côté enfantin.

La Triple Déesse est devenue la vieille femme. C'est à la fois le premier et le dernier état de la Déesse : juste avant sa mort, il précède cependant sa jeunesse, donc la déité est, à ce moment-là, la plus puissante.

La Grande Déesse est vénérée sous la forme d'Hécate : cette divinité grecque fut apportée au peuple celte par les Romains. Elle est la déesse de l'obscurité, du monde souterrain, associée au mystère, à la Lune, à l'introspection et à la part sombre de nous-même.

Le Dieu Soleil s'en est allé vers le sombre ponant,

Dans la pénombre, manquent sa chaleur et son rayonnement puissant,

Tandis que la Déesse Mère, éternelle et vieille femme

Maintient allumée, au fond de son cœur, une flamme.

Je salue sur leur tombe tous ceux qui sont partis, et le Dieu et les amis.

Je garde espoir dans le monde alors que l'obscurité l'envahit,

Car nous cheminons de la mort vers la vie,

Puisque la roue tourne, qu'il en soit ainsi.

L'autel

Décorez-le de pommes, de citrouilles ou d'autres fruits de la fin de l'automne. Disposez-y également des fleurs de saison, comme des soucis ou des chrysanthèmes. Les représentations d'animaux tels que les chats noirs et les corbeaux (voire seulement des plumes noires) symbolisent la mort, la perte et le déclin de la Nature. Ce sera également le cas des crânes ou des os d'animaux que vous pourriez trouver à l'extérieur.

Vous pouvez ajouter une coupelle décorée du symbole de la roue à votre autel pour marquer l'intemporalité des sabbats.

Les traditions

C'est le moment pour se remémorer nos vies passées et pour penser à ceux qui sont partis, mais il ne faut pas appeler les défunts lors de vos rites. Il faut les honorer en se souvenant d'eux et en plaçant des *memorabilia* sur l'autel ou dans la maison, devant les fenêtres, avec des chandelles noires pour attirer les esprits de ceux que vous aimez dans votre maison.

Une chandelle allumée et placée sur le rebord d'une fenêtre guidera les esprits vers le pays de l'éternel été (la vie après la mort, entre les incarnations).

Vous pouvez aussi déposer des offrandes devant votre porte pour les esprits errants et sans foyer, afin de leur montrer votre sympathie. Il doit s'agir de nourriture de saison, à sortir le soir de Samhain. Des pommes enterrées dans la terre durcie de votre jardin ou de vos jardinières les nourriront durant leur voyage.

Votre tenue doit être noire, car cette couleur honore les morts. Vous pouvez également porter des costumes pour effrayer et chasser les esprits malveillants et indésirables. Dans le même but, creusez et sculptez des citrouilles et des courges avec des visages effrayants : elles décourageront les mauvais esprits et les empêcheront d'entrer chez vous.

La divination se prête merveilleusement à cette période : la voyance, la clairvoyance dans les boules de cristal et toute autre forme de divination seront particulièrement précises et pertinentes pour observer l'inconnu et l'avenir.

Les enchantements seront puissants en ce jour de pouvoir : adonnez-vous à ceux qui demandent la plus grande force dans votre cercle magique, notamment les enchantements de protection contre les énergies négatives, d'espoir, d'amour et de sexe.

Pratiquez à nouveau le rite cathartique de la magie de la flamme en couchant vos maux sur des feuilles que vous enflammez et laissez se consumer dans votre chaudron. Observez les éléments négatifs de votre vie partir en fumée, comme à Beltaine.

Il est enfin tradition, à Samhain, de récolter des choses ramassées dans la Nature pour décorer sa maison ou sa table afin de remercier les éléments pour les changements bienfaiteurs du cycle : louez à haute voix la pluie, le Soleil, la Terre, les divinités…

Les mets

Savourez des plats de viande et de citrouille, des betteraves, des rutabagas, du maïs, des pommes, des gâteaux aux épices, du cidre et du vin chaud.

Yule revient alors et tous les autres jours de pouvoir se succèdent à nouveau dans un cycle constant et rassurant de vie, de mort et de renouveau, fait d'enchantements, de rites, de remerciements et d'harmonie.

Parfaire sa pratique magique grâce aux cycles lunaires

Les cycles de la lune ont une grande importance dans la tradition wiccane, comme tous les cycles naturels, mais tout particulièrement parce que la Grande Déesse, dans tous ses aspects, est liée au satellite argenté.

L'astre de Diane est une source d'énergie exceptionnelle : chacune de ses phases possède des qualités magiques qui nous permettent de magnifier nos enchantements, pour peu que nous les connaissions et que nous nous pliions au calendrier lunaire. Il faut donc garder à l'esprit que la pleine lune n'est pas la seule phase intéressante, même si elle a une grande signification symbolique, notamment selon les mois et les phénomènes astronomiques.

Plusieurs enchantements et rites rendent hommage à la Déesse Lune et nous permettent de bénéficier au quotidien de son énergie puissante et enveloppante.

Les divinités lunaires, avatars de la Grande Déesse

La triade lunaire grecque :

- Artémis, déesse de la chasse et des forêts peuplées d'animaux sauvages, est associée au premier croissant de la lune (alors que son frère jumeau, Apollon, est lié au Soleil) et représente la Déesse sous sa forme de jeune fille. Symbole de naissance, elle aide les parturientes et nous offre sa puissance. Son équivalent romain est Luna ;
- Séléné est la déesse de la pleine lune, de la magie lunaire, du sommeil, des rêves et de la prophétie (son frère, Hélios, est aussi une divinité solaire). Elle est la Déesse femme et mère. Elle veille sur nous avec amour. Son équivalent romain est Diane ;
- Hécate est la déesse de la lune sombre, quand la Déesse est une vieille femme. C'est une divinité de

la magie lunaire, de l'inframonde et des esprits. Elle est la divinité des carrefours, car ils se trouvent entre le ciel, la terre et le monde souterrain. La nouvelle lune symbolise la mort et la renaissance, tout comme Hécate, qui est à la fois déesse de l'ombre et déesse protectrice des femmes enceintes. Elle nous guide dans nos introspections. Son équivalent romain est Trivia.

Les autres déités :

- Astarté, déesse de l'amour et de la Lune, rayonna dans tout le bassin méditerranéen dès la préhistoire. Elle est l'incarnation de Vénus et de l'astre lunaire. Déesse mère puissante et guerrière, elle personnifie la féminité accomplie et sacrée. Elle serait la divinité originelle d'Aphrodite/Vénus et de Séléné ;
- Mama Quilla, déesse inca de la Lune, des nuits étoilées et du féminin sacré, protège les femmes et les cycles (saisonniers, lunaires, menstruels…). La légende raconte qu'elle était plus brillante que le Dieu Soleil Inti, et que celui-ci, jaloux, lui jeta au visage des cendres qui l'assombrirent ;
- Hanwi, déesse sioux, est le « soleil des nuits » qui guide ses adorateurs dans l'obscurité grâce à ses rayons lunaires et qui les aide à trouver leur chemin sur le plan spirituel ;

- Hina, déesse polynésienne de la Lune, représente la divinité féminine, puissante et créatrice, et veille sur le cycle de la vie, de la mort et de la renaissance. Elle nous soutient dans la poursuite de nos objectifs.

Les différentes phases de la Lune

La **nouvelle lune** ou **lune sombre** représente le début d'un nouveau cycle lunaire et une nouvelle aventure. Fixez-vous de nouveaux objectifs, planifiez de nouveaux projets, lancez-vous dans de nouvelles entreprises. Pratiquez la méditation durant la nouvelle lune afin de vous purifier. Elle vous aidera à chasser les mauvaises énergies et les mauvaises pensées. Adonnez-vous à la solitude et à l'introspection : faites le point sur vous-même et réfléchissez à vos nouveaux buts. Fiez-vous à votre intuition, à vos rêves, aux signes que vous captez plus aisément grâce à l'influence de la nouvelle lune.

Au **premier croissant**, alors que la lune croît, il s'agit de commencer quelque chose, d'attirer les bonnes choses à soi : la santé, les amis, la chance, un nouvel emploi… Faites des plans et pratiquez des rituels de purification. Le premier croissant correspond à la Déesse sous sa forme de jeune fille.

Le **premier quartier de lune** : à moitié dans la lumière, à moitié dans l'obscurité, l'énergie générée est forte. Elle apporte la chance nécessaire à l'éclosion de vos projets, et vous redonne confiance et estime de soi. Elle vous encourage à agir grâce à son influence positive. Profitez des bienfaits du premier quartier et rechargez-vous de ses énergies puissantes et douces à la fois.

La **lune gibbeuse croissante** est la dernière phase avant la pleine lune. Lumineuse, elle vous confère la stabilité et la force qui vous permettront de finaliser les enchantements prononcés lors du premier quartier. Lors de vos rituels, appelez la chance, la prospérité, la réussite et la santé. Méditez sous la lune et visualisez avec force détails l'aboutissement de vos projets et votre succès : ils sont à votre portée.

La **pleine lune**, parfaitement illuminée par les rayons du soleil, trône dans le ciel. Cela correspond à la vie de femme et de mère de la Grande Déesse. Le moment est propice à tous les types de magie, puisque la plénitude de l'astre symbolise l'apogée de sa puissance ; tous les enchantements prononcés se voient imprégnés de son énergie paroxystique. À cette période radieuse, soyez attentif à vos rêves, à vos objectifs et à vos sentiments. Pratiquez des rituels relatifs aux proches, à la famille, à l'amour, à la fertilité, à la force, à la protection et au pouvoir. Plongez-vous dans la méditation et les travaux psychiques comme la divination (tarot, clairvoyance...). Sous la pleine lune, placez dans votre chaudron une pièce d'argent immergée dans de l'eau pure : observez les reflets métalliques et sélènes danser sur l'eau. La cristallomancie est particulièrement performante lors de cette phase : imprégnez vos minéraux de rayons lunaires avant un rituel afin de les nettoyer, purifier et recharger.

Les esbats sont les différentes pleines lunes de l'année célébrées par les wiccans. Elles portent différents noms selon les traditions, tous très évocateurs :

- janvier : la Lune du Loup, la Vieille Lune, la Lune des Glaces ou des Neiges – propice aux rituels de chance et de protection ;
- février : la Lune des Tempêtes, la Lune des Vents glacés, la Lune de l'Envie, la Lune de la Mort, la Lune de Lait – idéale pour les rites de purification ;
- mars : la Lune chaste, la Lune du Corbeau, la Lune du Ver – favorable aux rituels de fertilité et d'abondance ;

- avril : la Lune des Semences, la Lune des Graines, la Lune rose, la Lune du Vent, la Lune de l'Œuf, la Lune fertile, la Lune de l'Éveil – parfaite pour les rites de croissance ;
- mai : la Lune du Lièvre, la Lune des Fleurs, la Lune de Lait, la Lune des Plantations – propice aux rituels de croissance, d'abondance et d'amour ;
- juin : la Lune des Amoureux, la Lune des Dryades, la Lune rose, la Lune des Fraises, la Lune du Soleil ardent – idéale pour les rites d'amour et de force ;
- juillet : la Lune de l'Hydromel, la Lune des Bénédictions, la Lune de la Foudre, la Lune du Tonnerre, la Lune des Cerfs, la Lune des Prés, la Lune des Foins – favorable aux rituels de santé, de vitalité et de prospérité ;
- août : la Lune des Herbes, la Lune de la Verdure, la Lune rouge, la Lune des Grains, la Lune du Maïs, la Lune de l'Esturgeon – parfaite pour les rites d'abondance ;
- septembre : la Lune des Récoltes, la Lune des Moissons, la Lune de l'Orge, la Lune du Vin, la Lune des Chasseurs, la Lune de Cernunnos, la Lune du Cornu – propice aux rituels de protection pour soi et autrui, de remerciements à la Nature généreuse, d'équilibre ;

- octobre : la Lune des Feuilles mortes, la Lune du Voyage, la Lune des Herbes sèches, la Lune de Sang, voire la Lune des Chasseurs – idéale pour les rites de remerciements et d'introspection ;
- novembre : la Lune des Neiges, la Lune du Givre, la Lune du Castor, la Lune des Arbres nus, la Lune du Deuil – favorable aux rituels d'ancrage, d'enracinement auprès de nos proches ;
- décembre : la Lune du Chêne, la Lune de Yule, la Lune froide, la Lune de la Longue Nuit – parfaite pour les rites d'espoir, de lâcher-prise et de guérison.

La **lune gibbeuse décroissante** ou **disséminatrice** n'est plus tout à fait pleine. Cette phase est idéale pour appeler la patience, le recentrage, le calme et la communication. Symbole d'innocence, elle accompagne les rites de purification et sollicite la protection de la Déesse. Elle crée une atmosphère propice à la méditation et favorise la connaissance de soi et l'harmonisation intérieure. Cette phase nous invite alors à nous débarrasser de ce qui nous nuit, à bannir les énergies négatives loin de nous. Cela peut être un moment délicat et pénible, mais chassez vos maux et vos soucis lors de rites sous une lune disséminatrice. Vous vous sentirez beaucoup mieux, plus fort et plus serein.

Le **dernier quartier de lune** ou **lune balsamique** voit la lune décroître encore et la Déesse devenir une vieille femme. À l'instar de la période de la lune gibbeuse décroissante, il s'agit de nous soulager de tout ce qui nous empêche de nous épanouir – pensées négatives, obstacles, anxiété – et de transformer nos projets en actions concrètes, pour enfin pouvoir avancer.

Le **dernier croissant de lune** est à la fois la lune sombre et la lune balsamique, tant il en est proche et peut être confondu avec elles. Sur le plan des enchantements et des rituels, travaillez encore sur les mauvaises énergies qui vous empêchent d'atteindre le bien-être. Le dernier croissant est propice à la conclusion des divorces, des querelles, aux changements afin de mieux rebondir. Libérez-vous à l'approche de la nouvelle lune et tournez-vous vers l'amour de soi et des autres, loin des chagrins et des peines. Apaisante et protectrice, cette phase est aussi sereine, car elle nous permet de trouver un nouvel équilibre tandis que la Lune s'apprête à recommencer un cycle. C'est également un bon moment pour la divination.

En outre, certaines curiosités s'invitent dans la lunaison et marquent le calendrier d'une façon captivante :

- la lune bleue : de temps à autre, un mois peut comporter deux pleines lunes, et une saison, quatre pleines lunes et, de ce fait, une année, treize pleines lunes. Cette pleine lune supplémentaire est aussi appelée « lune d'objectifs ». Selon la tradition wiccane, la lune bleue détient toute la sagesse de la Triple Déesse : aussi apporte-t-elle un temps de communion éclairé et plus intense avec les divinités et le monde des esprits ;

- la lune noire ou lune de Lilith : il s'agit d'un phénomène semblable à la lune bleue, mais concernant la nouvelle lune : deux apparaissent dans le mois. Cela peut aussi désigner d'autres phénomènes liés à la lune sombre. L'introspection s'impose alors, ainsi que la catharsis, afin d'apaiser notre sensibilité exacerbée à cette période ;
- la super lune : deux à quatre fois par an, la Lune est plus proche de la Terre, augmentant sa luminosité et son influence. Ces périodes sont particulièrement importantes pour amplifier sa magie, pour magnifier ses enchantements et pour communier avec la Déesse ;
- l'éclipse : les énergies de la Lune sont amplifiées et concentrées à cet instant. Profitez de cette puissance pour opérer de grandes transformations. Méditez et travaillez sur vous-même : cherchez en vous ce qui nécessite d'être dynamisé, ce qui a besoin d'avoir de nouvelles perspectives (relations, travail...).

Trouvez de nouvelles idées, visualisez comment elles vont se développer pour se concrétiser. Il est temps d'avancer et de renaître, tout comme la Lune ;

- la Lune au fil des saisons : équinoxes et solstices sont des phénomènes astronomiques solaires, mais la Lune peut être associée à ces sabbats. Soyez attentif aux phases de la lune et profitez de leurs énergies pour honorer, de la meilleure façon possible, la Nature, la Grande Déesse et le Dieu Cornu.

Magie en l'honneur de la Lune

Décorer un autel dianique

Afin d'honorer les lunaisons, les mystères de la nuit et la Déesse lunaire, vous pouvez transformer un espace en un petit autel sélène. Il peut s'agir d'une étagère, du dessus d'un meuble ou encore d'un coffret, que vous vous approprierez chaque fois que la Lune entrera dans une nouvelle phase. Il sera moins chargé que l'autel de vos enchantements et de vos rites habituels. Choisissez-le en bois et inscrivez le symbole de la Triple Déesse en son centre (à la peinture, au pyrograveur…).

Ensuite, placez-y simplement des objets symboliques évoquant la Lune :

- des bougies : argentées ou blanches pour la lune croissante ; rouges pour la pleine lune ; noires pour la lune décroissante ; vertes pour la lune sombre ;
- un bol d'eau, afin d'observer le jeu des rayons lunaires à sa surface ;
- des coquillages blancs ;
- des herbes, feuilles et branches de végétaux comme le cyprès, le myrte, le saule, le sapin, le noisetier, ainsi que des fleurs blanches ou à cinq pétales comme la rose, le jasmin, le gardénia, le lys, l'iris, etc. ;
- des minéraux couleur de lune, comme la pierre de lune, la célestite, la sélénite, la perle, l'opale, la nacre… ou couleur de nuit : la larme d'Apache, l'obsidienne, l'onyx, le jais, le quartz fumé…

Recueillez-vous et méditez devant cet autel, face à la lune, et ce à chaque nouvelle phase. Selon les esbats, ajoutez un objet symbolique : une fraise pour la Lune des Fraises, un gland pour la Lune du Chêne, etc. Remerciez la Déesse pour sa douce lumière et son énergie.

Préparer l'eau de lune

L'eau de lune est un élément essentiel de la pratique de l'Art, car elle sert à toutes sortes d'enchantements et de rituels.

Remplissez un récipient d'eau de source et laissez-le dehors, où il pourra recevoir les rayons de la pleine lune et leur pouvoir. Préparez d'autres eaux de lune selon les phases de l'astre et les types de lunes. Conservez-les dans des bouteilles en verre étiquetées et fermées hermétiquement.

Réaliser un rituel de pleine lune

Sous la pleine lune, dressez votre autel, que vous napperez d'un drap blanc. Disposez vos outils rituéliques (voir chapitre III, p. 137), ainsi que des chandelles tenues par des bougeoirs en métal argenté, en argent, en verre ou en cristal, un calice argenté ou un petit récipient blanc ou argenté avec de l'eau dans laquelle vous aurez jeté une pièce d'argent, et une boule de cristal si possible. Parsemez l'autel de petits croissants de lune (sous forme de confettis, par exemple) et de fleurs blanches liées à la Lune. Allumez de l'encens de rose blanche, de gardénia ou de santal.

Créez ensuite votre cercle magique (voir chapitre IV, p. 192) : prenez le temps d'admirer la lune et de méditer, prononcez une invocation pour la Déesse comme celle proposée ci-dessous. Lisez-la, récitez-la ou chantez-la ; elle peut également être accompagnée de gestes ou d'une danse.

Merveilleux joyau céleste, je reçois
tes baisers argentés

Soufflés par la Déesse à la robe lactée.

Depuis les hauteurs sélènes, que leur
lumière opaline

Caresse les forêts, les monts et les collines.

Ô Déesse lunaire, qui croît et qui décroît,

Maîtresse de nos nuits et de notre foi,

Je reçois ta magie et ton amour,

Qu'en moi ta plénitude se diffuse pour
toujours.

Qu'aujourd'hui, tes mystères me soient
révélés

Afin que mon âme, vers toi, puisse s'élever.

Je prie notre mère lunaire et son infinie sagesse,

En l'honneur de son merveilleux joyau céleste.

Ressentez l'énergie céleste de la Déesse et imprégnez-vous de son aura. Quand vous aurez fini, vous sortirez de votre torpeur pour vous ancrer dans la matérialité de la réalité terrestre : buvez des boissons « lunaires », comme le lait, et dégustez des gâteaux en forme de croissant ou de lune. Remerciez la Déesse, puis dispersez le cercle.

EMBRASSER LE FÉMININ SACRÉ

Un thème wiccan ancré dans l'histoire et la contemporanéité

Le féminin fait partie intégrante de la Wicca et du paganisme en général. Pour les premiers hommes, les idoles mères, ces petites statuettes préhistoriques représentant des femmes aux formes opulentes, symbolisaient déjà la Déesse mère, la terre nourricière.

La Nature généreuse fut incarnée par de nombreuses déesses dans les différentes civilisations et religions du monde : Déméter et Gaïa chez les Grecs, Arianrhod chez les Celtes, Isis chez les Égyptiens, ou encore Marie chez les chrétiens.

La Triple Déesse transcende ces personnifications pour représenter la force féminine créatrice et féconde, ainsi que l'amour qui préside à la vie, tout en étant elle-même soumise aux cycles naturels. Son humanité nous parle et nous touche : jeune fille, puis mère, puis vieille femme, ses sentiments pour son enfant, son amant et son défunt époux ancrent son culte dans notre réalité quotidienne.

Par ailleurs, la féminité fait plus que jamais partie des revendications modernes et contemporaines, au même titre que l'écologie. Les femmes pouvaient jadis être des savantes dans leurs communautés : elles connaissaient les herbes, étaient guérisseuses et savaient accompagner les parturientes. Elles avaient une grande aura et étaient consultées et respectées. Avec la montée du christianisme en Europe, entre autres choses, elles furent cependant enviées pour leur popularité. Les ministres du culte cherchèrent à les remplacer et à imposer la foi en les diabolisant. Elles furent persécutées et tuées : ce sont les tristement nommées « sorcières », qui furent condamnées à mort et brûlées en place publique en Amérique du Nord et en Europe. « Sorcière » était un terme générique pour les guérisseuses, les clairvoyantes, les cartomanciennes, les accoucheuses, les faiseuses d'anges... c'est-à-dire pour les femmes dont le savoir était grand, mais dont le pouvoir était redouté. Ce savoir était instinctif et intuitif, et les connaissances acquises étaient transmises de génération en génération. Ces femmes furent chassées pour le simple exercice de leur pouvoir.

Depuis, la puissance de la femme est muselée, cachée, tapie au fond d'elle-même : elle survit dans l'ombre, dans les ténèbres féminines, attendant sa délivrance et sa renaissance. Aujourd'hui, la lutte féministe cherche à donner à la femme, en tant qu'être entier, complet, la place qui lui revient, sans préjugés ni étroitesse d'esprit. Le féminin sacré ne nie pas l'importance des hommes : hommes et femmes peuvent partir à la reconquête de leur féminité, de leur part d'ombre, de leurs terres intérieures et de leur dimension lunaire grâce à cette vérité révélée.

Communier avec son féminin sacré

Le féminin sacré est une force créatrice, une dimension divine que nous avons tous en nous.

De l'importance du féminin sacré

Si, aujourd'hui, le féminin sacré est plébiscité, c'est parce qu'il a été trop longtemps nié, et qu'il y a un déséquilibre trop fort entre notre qualité de vie matérialiste – pourtant confortable – et notre bien-être. C'est désormais une voie initiatique qui permet de développer les qualités inhérentes à l'énergie féminine – celle de la Déesse – que sont l'amour inconditionnel, la douceur, l'écoute et le don de soi. C'est aussi se reconnecter avec l'être enfoui au fond de nous : cette femme sauvage à l'écoute de son instinct, comme Artémis, celle dont la sensualité irradie, telle Séléné, ou encore celle qui se trouve au carrefour des mondes, comme Hécate.

La femme est aussi mère : sa matrice est comme un chaudron qui permet l'expression de sa créativité physique, mais également psychique. La transformation de la femme joue un rôle prépondérant dans sa vie, à la manière des cycles lunaires. Cependant, nul n'a besoin d'être une mère au sens biologique, d'enfanter un autre être, pour embrasser l'importance de sa place dans le monde. La générosité maternelle, les qualités et les valeurs fécondent le monde à la manière de graines. Celles-ci fleurissent et éclosent grâce à celles et ceux qui ont laissé s'épanouir leur énergie féminine.

Pour se reconnecter à son féminin sacré, plusieurs étapes, aussi candides que judicieuses, sont indispensables :

- se reconnecter à ses émotions est le premier pas vers le féminin sacré. Il faut donc apprendre à s'écouter ;
- accepter ses imperfections avec bienveillance, en refusant les diktats figés et imposés par une société artificielle, et en accueillant l'idée que nous ne sommes que changements et évolutions, soumis aux cycles de la Nature ;
- lâcher prise et revenir à l'essentiel ;
- connaître ses limites et savoir quand s'arrêter (afin de prévenir les burn out) ;
- se fier à son intuition en s'éveillant à l'intangible, à l'Invisible ;
- s'ouvrir à l'autre de tout son cœur, l'accueillir et le soutenir ;
- prendre ses responsabilités, s'assumer, se respecter et, ce faisant, agir en accord avec sa pensée profonde ;
- accepter ses cycles, c'est-à-dire sa nature changeante, et vivre en adéquation avec ce que son corps, son cœur ou son esprit ressentent lors de ces différents moments (le besoin de solitude, l'envie de s'amuser...).

Le féminin sacré nous permet de nous assumer pleinement, de nous épanouir en accord avec nous-même sans honte, sans exclure quiconque, sans préjugés, mais dans l'acceptation pleine et entière de ce que le monde nous offre. Nous sommes libres et la Déesse qui sommeille en nous est éveillée.

La Lune et le cycle menstruel

En relation avec la Grande Déesse, le féminin sacré s'exprime à travers l'observance des phases de la lune. Le cycle lunaire et le cycle des femmes ont toujours été associés. Cependant, certaines femmes se sentent déphasées, déréglées et mal dans leur peau. Les menstruations sont encore mal considérées dans nos sociétés, bien que les mouvements féministes tendent à les faire accepter, voire à les revendiquer. Si la parole se libère, pour beaucoup de femmes, les règles sont un moment difficile, disgracieux et souvent douloureux.

Nous pouvons néanmoins apprendre à travailler avec notre corps et à honorer notre cycle menstruel afin de nous harmoniser avec nos matrices : rendons-leur hommage et célébrons notre féminité ! En étant bien dans notre corps et avec lui, les effets les plus désagréables des règles peuvent s'apaiser.

Commencez par vous reconnecter à votre féminin sacré, puis avec les différentes phases de la lune et faites un parallèle avec les moments de votre propre cycle. Notez vos observations dans votre grimoire (voir chapitre III, p. 157). Si une lunaison dure environ 29 jours, un cycle menstruel s'étend en moyenne sur 28 jours. Inscrivez ce que vous ressentez, ce que votre corps vous dit et ce que la Lune vous offre à ce moment-là. Soyez attentive aux signaux que la Nature vous envoie et à ce que votre corps lui répond. Prêtez une attention particulière aux phénomènes astronomiques comme les éclipses et les lunes bleues.

Célébrez le pouvoir créateur semblable à celui de la Grande Déesse et les rayons lunaires vous aideront tout au long de votre cycle. Vos règles pourraient même s'aligner sur le rythme sélène.

Le pouvoir de la Lune affecte les femmes, mais aussi les hommes. En effet, le Dieu Cornu est intimement lié à la Déesse lunaire : leurs corps et leurs émotions peuvent être affectés par les pouvoirs de l'astre dianique.

La complémentarité de la Déesse et du Dieu

Au sein de la Wicca éclectique, la croyance et la pratique sont éclairées et ouvertes à toutes et à tous, du moment que les adeptes sont bien intentionnés.

Nous respectons la dualité de la Nature, car tout repose sur la complémentarité d'entités contraires : le bien et le mal, le chaud et le froid, le jour et la nuit, le masculin et le féminin. Le yin et le yang illustrent parfaitement ce concept fondamental. Aussi le masculin ne doit-il pas être ignoré : le Dieu Cornu est aussi important que la Grande Déesse ; ils sont interdépendants.

Si certaines pratiques, comme celle de la Wicca dianique, dans leurs rituels, ne se reposent que sur la Déesse et écartent le Dieu, cela peut s'expliquer comme une réaction à des siècles d'oppression par le patriarcat et la misogynie, et à la négation de l'importance de la féminité dans le cycle de la vie.

Il apparaît cependant qu'une religion exclusivement fondée sur l'énergie féminine est aussi déséquilibrée et injuste qu'une religion reposant exclusivement sur le masculin. La Wicca éclectique propose un parfait équilibre entre ces deux éléments, bien que la Triple Déesse puisse parfois sembler prédominer dans les rituels, en particulier dans le rapport que nous entretenons avec la Lune et ses phases. Le *Rede Wiccan* rappelle cette harmonie des rapports entre le féminin et le masculin.

S'ÉPANOUIR GRÂCE À LA PHILOSOPHIE WICCANE

La Wicca repose sur un credo – « Si nul n'est lésé, faites selon votre volonté » – et sur un code éthique dont le but est de nous mener à l'épanouissement.

Le *Rede Wiccan*, fruit d'une tradition magique

Le *Rede Wiccan* a été publié en 1964 par Doreen Valiente. Considérée comme la mère de la Wicca, elle était proche de Gerald Gardner, puisqu'elle fut sa grande prêtresse et qu'elle écrivit de nombreux textes à ses côtés, notamment *La Charge de la Déesse*. La poétesse wiccane se serait inspirée d'un texte antérieur aux années 1940. Néanmoins, l'origine du poème reste floue.

Le *Rede Wiccan* est une suite de conseils – et non de dogmes au sens strict – qui reposent sur les principes et les symboles de la Wicca. L'hermétisme de ce poème en fait une œuvre difficile d'accès aux non-initiés.

Traduction du poème et exégèse

Cette traduction du poème, tout en tâchant d'être fidèle à l'esprit du texte originel, a tenu à en respecter son style précieux et ses rimes, mais en l'adaptant au français.

Vous devez vous plier à la loi, dans un
parfait amour et une parfaite foi.

Vous devez vivre et laisser vivre, prenant et
donnant avec un juste équilibre.

Tracez le Cercle par trois fois afin de
chasser les esprits au loin.

Pour que l'enchantement soit à chaque fois
scellé, c'est en rimes qu'il doit chanter.

Le regard éclairé, le contact doux, la parole
réservée, le corps à l'écoute,

Honorez les Anciens dans leurs actes et
leurs noms, que l'amour et la lumière
soient à nouveau de votre vie l'inspiration.

Le Déosil suit la Lune qui croît, chantant
les mélodies joyeuses à pleine voix.

Le Widdershins vient quand la Lune va
décroissant, et que les loups-garous hurlent
au tue-loup angoissant.

Quand la Lune de la Dame est nouvelle,
envoyez-lui deux baisers dans le ciel.

Quand la Lune court jusqu'à son apogée,
alors le désir de votre cœur recherchez.

Prenez garde aux puissants vents du nord,
réduisez la voile et fermez la porte.

Quand le vent de l'est vient, attendez le
renouveau et préparez le festin.

Quand le vent du sud souffle, l'amour vous
embrassera sur la bouche.

Quand le vent soupire de l'ouest, tous les
cœurs seront en paix.

Neuf bûches vont dans la marmite,
brûlez-les doucement et brûlez-les vite.

Le bouleau va dans la flamme
pour symboliser le savoir de la Dame.

Le chêne dans la forêt s'élève avec
puissance, mais dans le feu, il apporte
la lucidité du Dieu.

Arbre de pouvoir, le sorbier des oiseleurs
est source de vie et d'enchantement pour les
fleurs.

Les saules sur la rive se tiennent prêts à
nous aider à rejoindre le Pays de l'Éternel
Été.

L'aubépine est brûlée pour purifier les lieux
et pour révéler le Petit Peuple à vos yeux.

Le noisetier, l'arbre de sagesse et de la
connaissance, ajoute sa force au feu qui
brûle et à sa brillance.

Blanches sont les fleurs du pommier qui
nous apporte les fruits de la fertilité.

Poussent sur la vigne les raisins qui nous
donnent à la fois la joie et le vin.

Le sapin et son éternelle verdure
représentent tout ce qui dure.

Le sureau est l'arbre de la Dame de la
nuit : ne le brûlez pas ou vous serez
maudit.

Par quatre fois, les sabbats majeurs que
l'on célèbre se placent dans la lumière
et dans les ténèbres.

C'est Samhain qui commence la nouvelle
année alors que l'ancienne finit de décliner.

Quand d'Imbolc et des fleurs vient
le temps, observez la terre et son manteau
d'or blanc.

Alors que la roue continue de tourner, bien-
tôt les feux de Beltaine se mettent à brûler.

Quand c'est vers la nuit de Lammas que la
roue tend, de la puissance est apportée aux
rites et enchantements.

Par quatre fois, les sabbats mineurs se
manifestent, le Soleil marque des dates
célestes.

Quand la roue vers Yule a tourné,
allumez la bûche, car c'est au Dieu Cornu
de régner.

Au printemps, quand la nuit égale le jour,
il est temps pour Ostara de venir à son
tour.

Quand le Soleil cesse de croître, il est
temps pour le chêne et le houx de se battre.

Le temps de la moisson revient à chaque être quand l'équinoxe d'automne vient à paraître.

Faites attention aux arbres et aux buissons fleuris, et par la Dame vous serez béni.

Où les eaux tumultueuses vont se jeter, lancez une pierre, et la vérité vous sera révélée.

Quand vous comblez un besoin, ne suscitez pas la convoitise de vos voisins.

Avec un fou, ne passez aucune saison, sinon, vous serez comme son compagnon.

D'heureuses rencontres et d'heureuses séparations illuminent les joues et réchauffent le cœur de nos passions.

Gardez à l'esprit la loi du triple retour, car trois fois le mal ou trois fois le bien viendront alentour.

Quand l'infortune vous lasse, sur votre front soucieux, l'Étoile a sa place.

En amour, vous vous devez d'être sincère, à moins que vos amours ne soient mensongères.

Ces neuf mots achèvent le Rede *: si nul n'est lésé, faites selon votre volonté.*

Le *Rede Wiccan* comporte de grands thèmes abordés les uns après les autres : le cercle magique et le rituel, la lunaison, les saisons, les neuf bois brûlés à Beltaine, les huit sabbats, puis des morales sur l'amour et l'amitié, c'est-à-dire nos relations aux autres. Quelques clés sont nécessaires pour le comprendre :

- « Déosil » désigne le mouvement dans le sens des aiguilles d'une montre, et « Widdershins », le mouvement contraire ;
- lorsque la lune est noire, une tradition veut que la sorcière envoie deux baisers à la Déesse, mais ne pratique pas son Art, car le temps est au repos ;
- voici les neuf bois utilisés lors des feux de Beltaine, chacun incarnant un symbole précis : le bouleau représente le féminin ; le chêne, le masculin ; le sorbier, l'arbre de vie ; le saule, la mort (l'arbre d'Hécate) ; l'aubépine, la pureté (l'arbre du Petit Peuple) ; le noisetier, la sagesse et la connaissance ;

le pommier, l'amour et la fécondité ; la vigne, le bonheur et la joie ; le sapin, l'immortalité ;
- jeter une pierre dans les eaux tumultueuses est une forme de divination parmi d'autres dans la Wicca éclectique ;
- « l'Étoile » mentionnée est le pentacle, symbole de protection. Ses cinq branches représentent les quatre éléments (l'air, l'eau, le feu, la terre) et l'esprit. Ceindre son front d'un pentacle assure une puissante protection.

Le code éthique wiccan

La Wicca possède un règlement éthique qui repose sur le respect de la vie et sur une conduite altruiste, honnête et digne.

L'amour de soi

Il faut d'abord se respecter soi-même et ne rien faire qui pourrait nous nuire. Nous devons prendre soin de notre esprit et du corps qui nous a été alloué. Nous ne devons pas survivre, mais bien vivre, pour nous-même, pour nos proches et pour le monde à qui nous pouvons faire tant de bien.

La loi du triple retour du *Rede Wiccan*, entre karma et loi de l'attraction

Au sein de la Wicca éclectique, la morale repose sur la loi du triple retour. Cela signifie que, peu importe ce que nous faisons ou disons de positif ou de négatif, cela nous reviendra d'une manière ou d'une autre, en trois fois mieux ou trois fois pire. Cela peut également figurer que cet élan bon ou mauvais atteindra les trois composantes de nos êtres : notre corps, notre esprit et notre cœur.

Ce principe nous invite à réfléchir à trois fois avant de parler ou d'agir, et à nous comporter le plus gentiment possible. L'énergie positive que nous dégagerons nous reviendra trois fois plus fort et nous aidera à pratiquer notre Art d'une manière plus intense, plus puissante, plus pertinente.

Le refus d'une magie néfaste

Le *Rede Wiccan* nous enseigne que nul ne doit souffrir. Il ne faut pas faire d'enchantements personnels et directs sur les gens qui vous entourent. Vous ne pouvez pas souhaiter les contrôler, car vous ne souhaiteriez pas que quelqu'un vous contrôle. Au lieu d'enchanter quelqu'un pour qu'il vous aime, procédez plutôt à un rite qui appellera l'amour. Ne punissez pas quelqu'un parce que vous le jalousez, mais effectuez un rituel qui vous apportera de la chance et de la prospérité, ou bien le courage et la force d'obtenir ce que vous désirez. La magie wiccane n'exclut ni le travail ni l'effort.

Le végétarisme

Afin de répandre le bien, beaucoup de wiccans sont végétariens ou végétaliens (vegans). Le respect de la vie et de la Nature peut être compris de manière globale et comporter la vie animale. Cela peut se manifester par le refus de se nourrir de la chair des mammifères, des poissons, voire des fruits de mer, des crustacés, etc., et par le refus de l'exploitation des animaux par l'homme et de la consommation de ses produits (le miel, le lait…).

Vous pouvez aussi faire le choix de consommer responsable pour le bien des animaux, des producteurs et de la Nature (écoresponsable, *cruelty-free*...).

III

DÉCOUVRIR LES INSTRUMENTS ET LES RITUELS DE LA MAGIE WICCANE

Pour magnifier vos énergies et celles des cycles, il vous faut pratiquer l'Art au rythme de la roue de l'année et au gré de vos besoins, au sein de votre espace rituélique, entouré de vos instruments.

Même si la Wicca se révèle être une magie religieuse hautement spirituelle, elle n'en est pas moins attachée à certains artefacts ou exercices. Parmi ceux-ci, l'autel et tous les accessoires assortis, les herbes et les minéraux wiccans, mais aussi la tenue du wiccan pratiquant, son corps et sa gestuelle.

Il faut garder à l'esprit que ces outils ne sont pas indispensables à la pratique de l'Art : soyez rassuré si votre budget est limité, et sachez que des objets naturels glanés dans la forêt seront aussi efficaces – si ce n'est plus – que des produits usinés. Le luxe ne décuple pas les énergies. Pour vos enchantements, quelques bougies et de bonnes intentions peuvent suffire.

Sachez également que les objets magiques sont personnels et ne se prêtent pas : ils sont emplis de l'énergie de leur propriétaire et cette dernière ne doit pas se mêler à celle d'un autre.

L'AUTEL ET LES OBJETS DE POUVOIR TRADITIONNELS

Les artefacts permettent d'invoquer les divinités, de les honorer, de diriger l'énergie lors des rites et des enchantements. S'ils ne sont pas indispensables, ils enrichissent les rituels.

Préparer son espace rituélique : l'autel et ses accessoires

L'espace rituélique est l'endroit dans lequel vous vous consacrerez à la pratique de la Wicca : c'est là que vous méditerez, que vous remercierez la Grande Déesse et le Dieu Cornu, et que vous effectuerez vos enchantements et vos rituels. C'est un lieu sacré pour vous qui vous permettra de vous recueillir et de vous consacrer à votre spiritualité. Il doit être préparé avec soin et amour. Il peut être placé en intérieur comme en extérieur. Vous pouvez même en créer un de voyage, que vous emmènerez partout.

L'autel

L'autel est cette surface plane sur laquelle vous poserez tous les objets rituéliques qui serviront à vos enchantements. Ce peut être une petite table, une étagère ou un coffret que vous ouvrez à chaque fois que vous en avez besoin, un espace au sol, une planche ou un carton, une souche d'arbre… Si vous le recouvrez d'une nappe, prenez de préférence une nappe violette (tissu ou papier), car cette couleur est associée à la spiritualité. En extérieur, un feu peut remplacer un autel matériel.

Il existe quelques règles de présentation que vous ajusterez au gré de vos rites :

- l'autel doit faire face au nord (associé à la terre et au pouvoir) ou à l'est (d'où les astres se lèvent) ;
- la partie gauche de l'autel doit être consacrée à la Déesse : ses objets symboliques (matriciels) sont à

disposer de ce côté. On y trouvera notamment une coupe, un bol d'eau, une cloche et une représentation de la Déesse (pierre ronde percée, coquillage, poupée de maïs, cristal, chandelle verte, argentée ou blanche...). Le balai magique doit également être placé de ce côté ;

- la partie droite est dédiée au Dieu : placez-y un bol de sel, de l'encens, une représentation du Dieu (chandelle rouge, jaune ou dorée, pomme de pin, gland, pierre fuselée...) et les objets qui symbolisent sa virilité, comme la baguette, l'athamé, le boline ;
- la partie centrale est destinée au couple divin : le chaudron est au milieu, et derrière se trouvent un pentacle, une chandelle et un encensoir, dont la fumée monte autant vers la Déesse que vers le Dieu...

Voici un exemple de disposition des objets sur votre autel :

La Déesse	Encensoir	Le Dieu
Bol d'eau	Chandelle	Encens
Coupe	Pentacle	Baguette
Cloche	Chaudron	Couteau
Balai magique		Boline

Vous pouvez y ajouter, si vous le souhaitez, des symboles des cinq éléments, des sigils, des fleurs ou des fruits de saison...

Le balai

Également appelé *besom* en anglais, le balai est un outil consacré au Dieu et à la Déesse qui, loin des clichés populaires, sert à balayer l'espace rituélique intérieur ou extérieur afin de le débarrasser de ses énergies négatives avant que le rite ne commence. C'est une étape de purification nécessaire. Fabriquez-le vous-même avec un manche de frêne protecteur, des brindilles de bouleau purificateur et une lanière en saule, symbole de la Déesse.

L'encensoir

Le brûleur à encens peut être fabriqué simplement avec un coquillage, un bol de sel ou de sable. Privilégiez l'encens brut, en granulés, le plus naturel. Cet élément est l'un des premiers artefacts à vous procurer, car vous pouvez observer le Dieu et la Déesse dans les volutes de fumée. En extérieur, l'encens peut être remplacé par un feu.

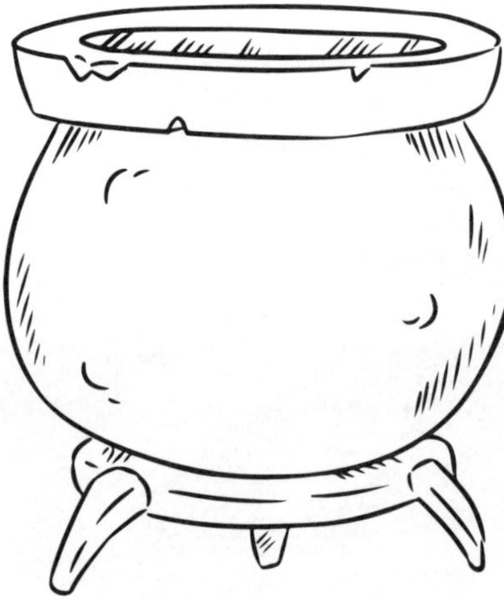

Le chaudron

Outil de la sorcière par excellence, symbole de la Déesse, de l'eau, de la fertilité, de la réincarnation, de l'immortalité et de l'inspiration, il est au cœur des rituels. Il doit être fait de métal, être tripode, et son bord doit être plus étroit que sa panse. Il peut accueillir des fleurs fraîches, un feu pour brûler ce qui nous pollue (magie de la flamme) ou pour honorer le Dieu (chaleur émanant du chaudron matriciel), de l'eau pour un temps de divination dans les reflets obscurs, etc.

La coupe

C'est un autre symbole de la matrice et de la fertilité. La coupe peut contenir de l'eau ou une boisson sacrée (du lait pour un rituel lunaire, par exemple). Elle peut être de n'importe quel matériau mais, en verre, en cristal, en argent ou en métal argenté, elle représente davantage la Déesse.

Le pentacle

Il s'agit d'une pièce plate avec un pentagramme inscrit dessus. Utilisé depuis des millénaires, c'est l'artefact le plus important et le seul qui soit réellement indispensable. Instrument de protection, il permet d'invoquer les esprits et les divinités. Il reçoit les objets qui doivent être consacrés sur l'autel (amulettes...). Suspendez des pentacles au-dessus de vos portes et de vos fenêtres pour protéger votre demeure. Avant de vous en servir, laissez le pentacle se charger d'énergie lunaire, une nuit de pleine lune. Si vous n'en avez pas, vous pouvez le remplacer par une pomme coupée à l'horizontale : ses cinq pépins matérialiseront un pentacle.

La cloche

Outil rituel très ancien, la cloche marque les diffé rents moments d'un rituel tout en étant un symbole de la Déesse. Elle sert également à invoquer cette dernière et à chasser les énergies négatives et maléfiques. Ce faisant, elle convoque les énergies bienfaisantes.

Les bougies

Les bougies représentent les divinités, permettent de transporter nos intentions vers les hauteurs grâce à leur flamme et sont peu onéreuses. Les enchantements aux chandelles sont variés et très puissants, tout comme le feu. Les couleurs des bougies sont très importantes, car elles sont hautement symboliques et votre travail magique sera plus efficace si vous utilisez la nuance qui convient à votre intention.

- Rouge : pour la confiance et le courage, la passion et l'énergie sexuelle, la protection contre les agressions.
- Orange, jaune ou doré : pour la guérison du corps et de l'esprit, la confiance en soi, la communication et l'écriture, l'éducation.
- Vert : pour les travaux de jardinage, l'argent et la prospérité, le succès et la réalisation des projets.
- Bleu ou argent : pour augmenter les capacités psychiques, la féminité, la grossesse, la maternité, la sécurité, résoudre les problèmes domestiques.
- Violet : pour la protection, la bénédiction de son foyer, le travail et les affaires, l'invocation des esprits.
- Rose : pour l'amour et l'harmonie dans les relations avec autrui, la beauté, les talents artistiques.
- Blanc : couleur neutre, tous les enchantements aux chandelles peuvent être pratiqués avec une bougie blanche.
- Noir ou marron : pour chasser les maléfices, les énergies négatives, la méchanceté et la violence physique ou psychologique, augmenter la force et la détermination, favoriser le changement.

Les plumes

Symboles de liberté et de connexion au divin, elles peuvent être assorties aux couleurs des chandelles. Elles représentent les anges gardiens pour ceux qui pratiquent la Wicca angélique.

Un cristal

Les pierres lunaires conviennent très bien pour imprégner l'autel de la présence symbolique de la Déesse : le cristal de roche, la pierre de lune, les perles, l'opale…

Composer son propre livre des Ombres

Il faut tout d'abord distinguer le livre des Ombres du grimoire. Le livre des Ombres est un recueil des pratiques et des affinités que nous entretenons avec la Wicca. Le grimoire est davantage la trace écrite de notre propre chemin, de notre voyage mystique marqué par nos choix, nos prises de risques, notre éveil spirituel.

Pour les deux livres, la méthode sera la même : choisissez un carnet, un classeur, ou tout autre support (même numérique), mais optez pour un modèle pratique et adaptable à votre façon de mettre en œuvre votre magie. Ma préférence va au *bullet journal* ou « bujo ». Il est très facile de garnir les pages de toutes sortes de choses et de réaliser des œuvres aussi esthétiques que pratiques. N'hésitez pas à personnaliser vos livres – couverture et intérieur – de toutes les façons possibles, inspirez-vous de tutoriels et de modèles divers trouvés sur Internet ou ailleurs. Dessinez, faites des collages (papiers, fleurs séchées, *washi tape*...), de la peinture, des découpages, des tampons, créez des intercalaires, des signets, un index si vous numérotez les pages...

Écrivez à la main autant que possible. Ce faisant, vous insufflerez votre énergie dans vos mots. Mais vous pouvez aussi coller des pages de textes imprimés comme le *Rede* : cela montre votre dévotion à votre spiritualité et rend hommage à l'importance des propos de la Wicca. Amusez-vous avec l'encre : noire, de couleur, pailletée, blanche sur fond sombre, invisible… Utilisez des calligraphies différentes, des enluminures, des alphabets confidentiels et magiques très populaires dans les cercles païens, comme le thébain, l'ogham ou « alphabet des arbres », les runes (l'ancien Futhark), l'énochien, l'écriture du « passage du fleuve »… Ce n'est pas tant pour le secret et pour l'esthétique de ces écritures, mais plutôt dans l'optique de ne pas s'exprimer dans son Art avec les mots triviaux de tous les jours : si ces derniers conviennent parfaitement, les alphabets magiques nous plongent dans un autre monde, dans lequel notre concentration est davantage requise et notre puissance accrue.

Dès les premières pages, marquez vos livres d'une manière personnelle : avec votre nom courant ou magique ou bien votre symbole, ainsi qu'avec votre devise (en latin, en runes…) ou votre mantra. Écrivez une mise en garde destinée aux lecteurs indiscrets. Inscrivez également votre lignée : familiale, votre *coven*, vos inspirateurs, votre fraternité ou votre sororité dans la Wicca… puis mettez en avant le *Rede Wiccan* ou tout autre texte représentatif de la pensée wiccane.

L'organisation interne des livres est personnelle : chronologique, thématique, au gré de votre inspiration... Prenez garde néanmoins à écrire des choses importantes, pertinentes, utiles pour votre pratique, que vous ne regretterez pas plus tard.

Enfin, consacrez votre ouvrage en prononçant une bénédiction à la lumière d'une bougie dorée :

Bénis soient mon verbe, mon livre, ma poésie !

Que toujours son savoir mystique me serve,

Que les divinités apprécient ma verve,

Ô forces magiques, qu'il en soit ainsi !

Le livre des Ombres ou « livre noir »

Il contient l'essentiel des principes et grands enseignements de la Wicca que vous pratiquez : les célébrations saisonnières de votre roue de l'année, votre méthode magique pour vos rituels, vos invocations et charges, vos grands rituels (consécration d'outils), voire vos cérémonies (initiation, *handfasting*, *handparting*, *wiccaning*, passage vers l'au-delà...), etc.

Ajoutez la mythologie avec laquelle vous avez des affinités : si vous adhérez à une divinité en particulier, racontez les mythes qui la concernent et montrez l'importance qu'elle a dans vos croyances.

Documentez-vous sur la civilisation qui l'a vue naître et qui l'a célébrée, imprégnez-vous de la culture magique originelle afin de mieux insuffler la puissance de ses adeptes antiques à vos adaptations modernes. Si la mythologie gréco-romaine est celle qui vous touche le plus, lire les textes anciens sera probablement un délice.

Ajoutez également des descriptions, voire des dessins des règles que vous suivez et de vos outils, un lexique du vocabulaire magique, une correspondance des symboles (éléments, sigils...), des points d'astrologie, de divination qui vous semblent pertinents, un recueil des minéraux, herbes et encens que vous préférez...

Le grimoire

Moins qu'un guide, le grimoire est la chronique de nos propres expériences magiques. Il est comme un journal intime magique dans lequel nous gardons une trace de notre travail, année après année.

Nous y compilons nos rêves, nos propres cycles (humeurs, menstruels...), les aspirations que nous mettons en rapport avec les phases de la lune, les saisons, les éphémérides, nos besoins du moment, les événements de notre vie et nos rêves. Ces derniers nous ouvrent des portes vers notre subconscient, et peuvent parfois nous autoriser à ouvrir une fenêtre vers l'avenir. Dans notre grimoire, nous exprimons notre créativité, qu'elle soit sous la forme de poèmes, de dessins ou d'enchantements et de rituels personnels ; nos besoins, nos objectifs, la façon dont nous opérons, le résultat que nous obtenons. Collez des photos de vos autels ou dessinez-les quand vous les dressez pour une occasion spéciale. Prenez des notes, ajoutez des commentaires, posez vos questions et avouez vos doutes.

Au gré de vos grimoires, vous évoluerez et cette progression sera tangible : ils seront les compagnons de votre voyage initiatique.

Le grimoire et le livre des Ombres témoignent de la vie spirituelle d'un wiccan. Si l'un est plus intime que l'autre, les deux sont une part importante de leur propriétaire : ils renferment ses croyances et ses valeurs.

Les mots sont un pouvoir, écrire est un acte de puissance et nos livres sont notre plus belle magie.

L'athamé et la baguette pour orienter l'énergie magique et invoquer

La baguette

Outil wiccan par excellence, la baguette participe aux rites magiques depuis des milliers d'années. Elle invoque la Déesse et le Dieu lors des rituels, canalise et dirige l'énergie. Elle permet de tracer des symboles et le cercle magique au sol.

Pour l'obtenir, il vous faut trouver le bâton qui vous convient le mieux : privilégiez un rameau glané dans les bois, assez droit et aussi long que votre avant-bras. Choisissez du chêne (résistant, favorisant la concentration), du bouleau (pour guérir et apaiser), du pommier sauvage (bois de la connaissance et de la sagesse) ou du sorbier des oiseleurs (pour les visions, les voyages spirituels). Vous pouvez le décorer, le sculpter ou y fixer une petite pierre. Il sera alors davantage imprégné de pouvoir et d'énergie. Comme la plupart des outils wiccans, rechargez votre baguette sous la lumière lunaire.

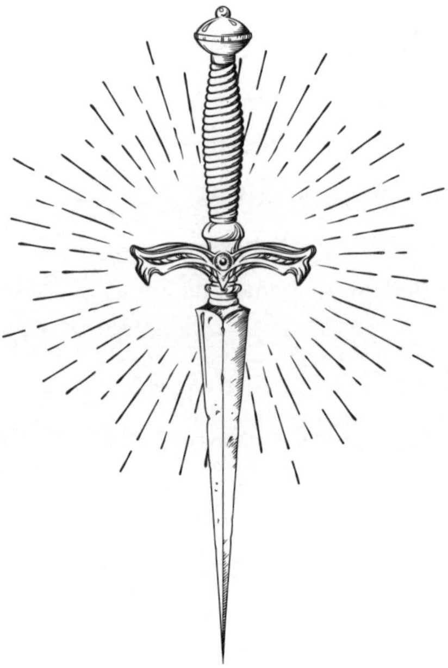

L'athamé

Ce couteau rituélique sert à orienter l'énergie et la force qu'appellent les enchantements. Son manche est très sombre, car le noir absorbe la force, aussi une partie de l'énergie est-elle captée par le manche et peut être utilisée plus tard. Vous pouvez le personnaliser en faisant graver la lame ou le manche de symboles, de runes, etc.

Le boline

Couteau à manche blanc, il ne sert pas aux rituels. Il coupe tout ce qui est nécessaire à la pratique wiccane (herbes, cordes, nourriture…).

Les objets divinatoires des wiccans

Dans la Wicca, de nombreux moyens sont admis pour se plonger dans la divination : le tarot, les lignes de la main, les runes, les pendules… Lire dans une boule de cristal ou déchiffrer les feuilles de thé sont deux chemins intéressants et efficaces vers la compréhension de l'Invisible.

La boule de cristal

Elle ermet de pratiquer la clairvoyance ou *scrying*. Il s'agit de l'art de voir des images dans les reflets d'une surface miroitante, d'un *speculum* (« miroir » en latin), comme l'eau (d'un chaudron, d'un ruisseau…), un miroir noir (un miroir ou une plaque de verre dont le dos a été peint en noir) ou une boule de cristal, outil très ancien et très populaire. La sphère est faite de cristal de roche, un quartz qui possède naturellement des voiles et des inclusions.

Le rituel

- Créez une ambiance calme et feutrée avec une musique douce et une bougie blanche allumée à côté de la boule.
- Concentrez-vous, fermez les yeux, et méditez un court instant.
- Ouvrez les yeux et plongez votre regard dans les reliefs internes du cristal. Observez la lumière danser dans ses voiles.
- Contemplez-la jusqu'à ce que vos facultés psychiques se déploient et que les visions perçues dans les profondeurs du cristal vous révèlent des clés sur vos vies antérieures, les divinités, l'éthéré, l'intangible…
- Exposez ensuite la boule à l'énergie sélène pour la recharger, et posez-la sur votre autel pour représenter la Grande Déesse.

Les feuilles de thé

La tasséomancie, ou tasséographie, est une pratique ancestrale présente dans de nombreuses civilisations. Elle consiste à boire un thé ou une infusion, à reconnaître des formes dans les feuilles de thé infusées reposant au fond de la tasse et à les interpréter. Il est également possible de lire dans le marc de café et même dans les sédiments de vin.

Le rituel

- Faites bouillir de l'eau et jetez quelques feuilles de thé (une demi-cuillère à café) dans une tasse blanche. Alors que vous versez l'eau chaude, pensez aux questions qui vous taraudent, aux problèmes qui vous minent, aux soucis qui vous rongent.

Poursuivez votre réflexion quelques minutes tandis que votre thé infuse.

- Buvez le breuvage tranquillement et laissez un peu d'eau au fond. Tournez votre tasse trois fois dans le sens déosil en prenant garde de ne pas en renverser le contenu.
- Observez alors les formes qui se dessinent au fond de votre tasse : elles sont révélatrices de ce que renferme votre inconscient.
- Il faut désormais interpréter ce que vous voyez en utilisant les mêmes codes que pour l'interprétation des rêves. Voici quelques clés :

  - une lettre : une personne au nom commençant par cette lettre ;
  - des nombres : une date, une heure ou une année ;
  - un cœur : une récompense ;
  - un carré : une mise en garde ;
  - un triangle : un triple retour bénéfique ;
  - un cercle : un succès prochain ;
  - un trèfle : la chance ;
  - une clé : un nouveau projet ;
  - un chat : une souffrance passagère ;
  - un chien : la présence d'une personne loyale ;
  - un serpent : la sagesse ;

- des oiseaux : de bons augures ;
- un corbeau : des ennuis à venir ;
- une pomme : la réussite dans les études ;
- une maison : soi-même ;
- un objet pointu : le danger…

Le thé de la divination

Faites infuser ¼ de cuillère à café de menthe poivrée avec ¼ de cuillère à café de solidage (ou « verge d'or ») pour gagner en clarté d'esprit pendant la lecture des feuilles.

LES HERBES ET LES MINÉRAUX AUX POUVOIRS ÉSOTÉRIQUES

L'énergie est présente partout dans la Nature, et vous pouvez en profiter dans vos enchantements et rituels si vous connaissez les vertus magiques des herbes et des minéraux les plus puissants.

La magie des herbes : magnifier son énergie

Depuis des milliers d'années, les herbes (feuilles, fleurs, racines…) sont utilisées par les êtres humains pour leurs propriétés nutritives, médicinales, cosmétiques, aromatiques, ainsi que symboliques et magiques.

Les herbes possèdent en effet un grand pouvoir qui peut être capté de différentes manières : sur votre autel, en infusion, grâce à la tasséomancie, pour vos rituels, en potion, en cuisine, pour le bain, pour des fumigations… Vous pouvez profiter des herbes sous leur forme naturelle, mais également séchées, en épices, en encens, en huile essentielle… Les possibilités sont aussi nombreuses que les herbes magiques sont diverses.

Il est d'usage d'en porter dans une petite bourse tout au long de la journée pour profiter de leurs bienfaits magiques, ou d'en placer à divers endroits du foyer. En préparant la bourse, pensez clairement à vos intentions, concentrez-vous pour qu'elles s'insufflent à votre création magique.

Voici quelques herbes fréquemment utilisées pour vous aider à préparer des enchantements efficaces :

- ail : pour la protection ;
- basilic : pour l'énergie sexuelle et la prospérité ;
- bruyère : pour la chance, la protection et le réconfort ;
- camomille : contre les mauvais rêves et l'insomnie ;
- cannelle : pour les capacités psychiques, la guérison et la prospérité ;
- ciboulette : pour chasser les mauvais esprits et éloigner les gens négatifs ;
- clou de girofle : pour le réconfort après un deuil, et l'amour ;

- gui : pour l'amour, la fertilité et prévenir les maladies ;
- jasmin : pour la sexualité, la sensualité et la joie ;
- lavande : pour le calme, la paix, un sommeil paisible et l'amour ;
- menthe : pour attirer les êtres éthérés et la clarté de l'esprit ;
- ortie : contre les mauvais esprits et les malédictions ;
- pavot (graines) : pour l'amour et la fertilité ;
- pissenlit : pour la santé, le bien-être, la divination et appeler les esprits, contre les verrues ;
- romarin : pour la purification ;
- rose : pour l'abondance, l'amitié, l'amour et la beauté ;
- sauge : pour la connaissance, la sagesse et la purification ;
- verveine : pour la prospérité et le succès.

La magie des minéraux : sublimer ses rituels

À l'instar des herbes magiques, les minéraux sont nombreux, variés et possèdent tant de qualités énergétiques qu'il est très agréable et très intéressant de les manipuler pour magnifier son Art. Il faut cependant les purifier et les recharger avant de vous en servir et après chaque rituel, car ils se vident de leur énergie bénéfique à mesure qu'ils la diffusent et qu'ils absorbent les énergies négatives. Rincez-les à l'eau pure, essuyez-les avec un chiffon doux et exposez-les à la lumière lunaire toute une nuit pour qu'ils atteignent leur plein potentiel.

Parmi les beautés minérales, on distingue les cristaux, les pierres d'origine organique (ambre, perles, etc.) et les verres volcaniques (obsidienne, météorites, métaux). Selon leur couleur, leur aspect et le chakra auquel ils sont reliés, ces minéraux ont différentes significations et se révèlent de formidables outils magiques, en plus d'être de magnifiques ornements.

Utilisez les minéraux au quotidien : placez-les dans votre intérieur, portez-les en bijoux, déposez-les sur votre autel, impliquez-les dans vos rituels, disposez-les sous votre oreiller s'ils vous aident à dormir, etc.

Dans des bourses, associez-les à des herbes afin de combiner les pouvoirs de ces éléments. Voici quelques minéraux accessibles et abordables qui enchanteront vos rituels et votre magie quotidienne :

- améthyste : pour le calme, la paix, l'endormissement, la guérison ;

- citrine : pour le réconfort solaire, la prospérité, l'abondance, l'inspiration ;
- cristal de roche : pour l'équilibre émotionnel, amplifier la magie grâce à sa puissance ;
- hématite : pour la protection et le retour lors des voyages psychiques, l'énergie, la stimulation mentale ;
- labradorite : pour la positivité, percevoir l'intangible ;
- lapis-lazuli : contre les énergies négatives, pour les aptitudes psychiques, les intuitions, rêver de ses vies antérieures ;
- pierre de lune : pour les prémonitions, la divination, le féminin sacré ;
- quartz rose : pour attirer l'amour ;
- turquoise : pour la purification, contre les énergies néfastes…

Apporter la sérénité de l'esprit au coucher

Visualisez la paix retrouvée et placez un peu de menthe séchée, de la lavande et une améthyste dans une petite bourse sous votre oreiller. Vos endormissements s'en trouveront d'autant plus paisibles et vos nuits reposantes.

S'APPRÊTER POUR LA PRATIQUE DES RITUELS

Se parer de ciel ou s'habiller

La nudité

La nudité rituelle a valeur symbolique de pureté, elle signifie que l'on se met à nu devant les divinités et toute la Nature. Les wiccans qui se vêtent de ciel veulent montrer la sincérité de leur engagement. La nudité reste optionnelle : ne faites jamais ce qui ne vous plaît pas.

Le vêtement

Une tenue spéciale peut être portée pour se distinguer du quotidien, comme une toge, une robe, un chaperon, un châle... Le plus important est la couleur du vêtement dédié, qui doit s'harmoniser avec les rituels et les intentions :

- jaune : pour la divination ;
- violet : pour renforcer la spiritualité, la communion avec le divin ;
- bleu : pour la guérison, le travail sur la sensibilité psychique, la communion avec la Déesse ;
- vert : pour les herboristes ;
- blanc : pour la purification, la spiritualité pure, la méditation, les rituels lunaires ;
- orangé ou rouge : pour la protection, la communion avec le Dieu ;
- noir : pour la protection, l'appel aux forces divines.

Les bijoux, amulettes et talismans

Vous pouvez porter des bijoux quotidiennement ou à l'occasion de célébrations pour exprimer votre dévotion à la Wicca. Préférez les formes symboliques rappelant l'Art : les croissants de lune, les pentacles, les roues, les runes…

Il peut aussi s'agir d'amulettes ou de talismans sertis de pierres aux énergies puissantes, que vous aurez enchantés lors de rituels sous la pleine lune, pour attirer la chance, le succès…

Voici comment fabriquer votre propre amulette sélène :

- chargez une pierre de l'énergie lunaire afin de l'avoir en permanence avec vous. Choisissez un minéral dans la liste p. 171-172, celui vers lequel votre intuition vous pousse et qui vous fait ressentir une intimité avec la Lune ;
- sous la Lune, lors de la phase qui vous convient, saupoudrez le minéral de sel ;
- passez-le dans la fumée d'un encens, c'est une purification essentielle ;
- en ayant à l'esprit ce que vous attendez de ce minéral (protection, confiance en soi…), passez-le au-dessus de la flamme d'une bougie ;
- chargez le cristal de votre intention en répétant à voix haute ce que vous sollicitez, tout en l'aspergeant d'eau de lune.

Portez cette amulette sur vous, montée en bijou ou dans une petite bourse que vous pouvez personnaliser. Rechargez-la régulièrement.

Effectuer ses rituels seul ou en *coven*

Dans les cercles de Wicca éclectique, la tradition veut que l'on étudie l'Art pendant un an et un jour avant de s'engager dans une vie de pratique (comme dans les couvents franc-maçonniques), au gré d'un tour complet de la roue de l'année. À l'issue de ces 366 jours, un rituel de consécration personnelle est alors envisageable.

On peut étudier et pratiquer seul ou en communauté, dans un *coven*. Les deux modes fonctionnent très bien et présentent tous deux des avantages et des inconvénients.

Pratiquer en solo

Cela convient lors de vos premiers pas : vous vous renseignez, lisez différents ouvrages, appréhendez les divers aspects de la philosophie wiccane à votre rythme et à votre manière. Vous avez votre propre roue de l'année, vous entretenez des rapports avec les divinités qui vous touchent, vous avez votre idée des rites, etc. De plus, si vous êtes introverti ou simplement réservé, la présence d'autres personnes pourrait vous intimider et vous inhiber. Par ailleurs, la hiérarchie des *covens* pourrait vous mettre mal à l'aise.

La religion classique est très structurée et très hiérarchisée, alors que la Wicca est justement liberté, épanouissement individuel et relation intime avec le divin. Se soumettre à un grand prêtre ou à une grande prêtresse, à des rendez-vous ou aux emplois du temps d'autres personnes pourrait vous sembler paradoxal. Si vous voulez être libre et vous dévouer à votre foi comme bon vous semble, la pratique en solo est faite pour vous !

Participer à un *coven*

Pour les apprentis, un *coven* peut cependant apparaître comme le meilleur endroit pour apprendre, à l'instar d'une salle de classe. Ils peuvent recevoir les enseignements de wiccans expérimentés, des réponses à leurs questions et une ouverture sur diverses façons de voir, de faire et de ressentir. Dans un *coven*, vous recevez des principes issus du livre des Ombres de cette communauté magique, vous adoptez une praxis, vous vous soumettez à des règles qui vous encadrent et vous guident. Les échanges peuvent être très riches et le groupe qui vous entoure peut aussi vous apporter du réconfort, vous soutenir et vous épauler sur votre chemin de vie. Vous recevez une tradition, vous la prolongez : vous avez l'impression de faire partie d'un tout et de participer à une grande œuvre qui vous dépasse. N'hésitez pas à élargir votre réseau grâce aux blogs, aux boutiques ésotériques, aux réseaux sociaux…

Gardez à l'esprit que vous devez vous consacrer à votre Art de la manière qui vous convient le mieux et avec laquelle vous avez le plus d'affinités.

GESTES MAGIQUES : LIBÉRER SA FORCE PERSONNELLE GRÂCE À LA MUSIQUE ET À LA DANSE

Nous pouvons stimuler l'énergie de notre corps pour accroître les effets de notre magie. En dehors de la matérialité, ces outils intangibles – les gestes, la danse, la musique – nous invitent à atteindre des états de conscience plus élevés et des rives éthérées.

L'invocation des éléments : au-delà des mots, une magie des gestes

Au-delà des mots, nous pouvons invoquer les éléments grâce au langage du corps. Les gestes peuvent remplacer ou accompagner les mots. La gestuelle wiccane passe avant tout par les mains : la main et ses cinq doigts rappellent le pentagramme, qui réunit les quatre éléments naturels et l'esprit. Ils sont, de ce fait, un canal magique qui permet d'invoquer les divinités lors des rituels ou de les honorer quand elles se manifestent à nous.

- Les divinités sont appelées mains levées, paumes vers le ciel et doigts écartés.
- La Déesse est appelée avec la main gauche, les doigts repliés vers la paume excepté le pouce et l'index qui, recourbés, forment un « c », comme le croissant lunaire.
- Le Dieu est appelé avec la main droite, index et majeur ou index et annulaire dressés pour former un « v », tandis que les autres doigts sont repliés, maintenus par le pouce, afin de représenter les cornes de la divinité.

La gestuelle wiccane est riche et comprend également le souffle. Notre souffle nous traverse chaque jour et répand les qualités de notre âme. Dans les mythes, des forces divines insufflent littéralement la vie. Lors de nos rites, nous pouvons nous aussi insuffler notre énergie pour décupler les effets magiques de nos préparations et de nos outils rituéliques.

Libérer son énergie corporelle par la danse

La danse est une pratique rituelle très ancienne que partagent de nombreuses civilisations de par le monde. Elle facilite la libération de l'énergie de notre corps et permet de modifier notre état de conscience. Les danseurs honorent les divinités et, lors de performances paroxystiques, il leur est possible d'atteindre l'extase mystique. Elle peut aussi être une offrande au divin.

Vous pouvez vous mouvoir lentement, au son d'une musique douce, bouger de manière à évoquer les éléments, ou danser selon une chorégraphie élaborée. Les danses effectuées à plusieurs dans les *covens* sont fascinantes. Laissez-vous aller, faites ce qui vous inspire le plus.

Invocation des déités par la musique et le chant

La musique et le chant agrémentent les rituels et les scandent. La musique peut venir de n'importe quel support et peut être celle qui vous plaît : il s'agit de votre magie.

Si vous êtes musicien ou chanteur, votre Art peut servir d'offrande : vous avez là un moyen plus puissant que le souffle de donner de vous-même et de potentialiser les énergies stimulées. Parmi les instruments, certains ont une portée symbolique et magique, et sont donc à privilégier :

- les percussions (sauf le sistre), comme le tambour, le hochet et le xylophone : pour la prospérité, la réussite, l'ancrage, invoquer Déesse ;
- les instruments à vent : pour l'intellect, les pouvoirs psychiques, la sagesse, invoquer le Dieu ;
- les instruments à corde : pour la sexualité, la passion, la santé, la force physique, la volonté, le courage, la purification de soi et de l'espace sacré, invoquer le Dieu ;
- les instruments métalliques qui résonnent, comme le sistre, les cloches, les gongs : pour la fertilité, la guérison, l'amitié, la compassion, l'amour spirituel, la beauté, les pouvoirs psychiques.

Une fois ces choix faits, le rituel à proprement parler peut commencer.

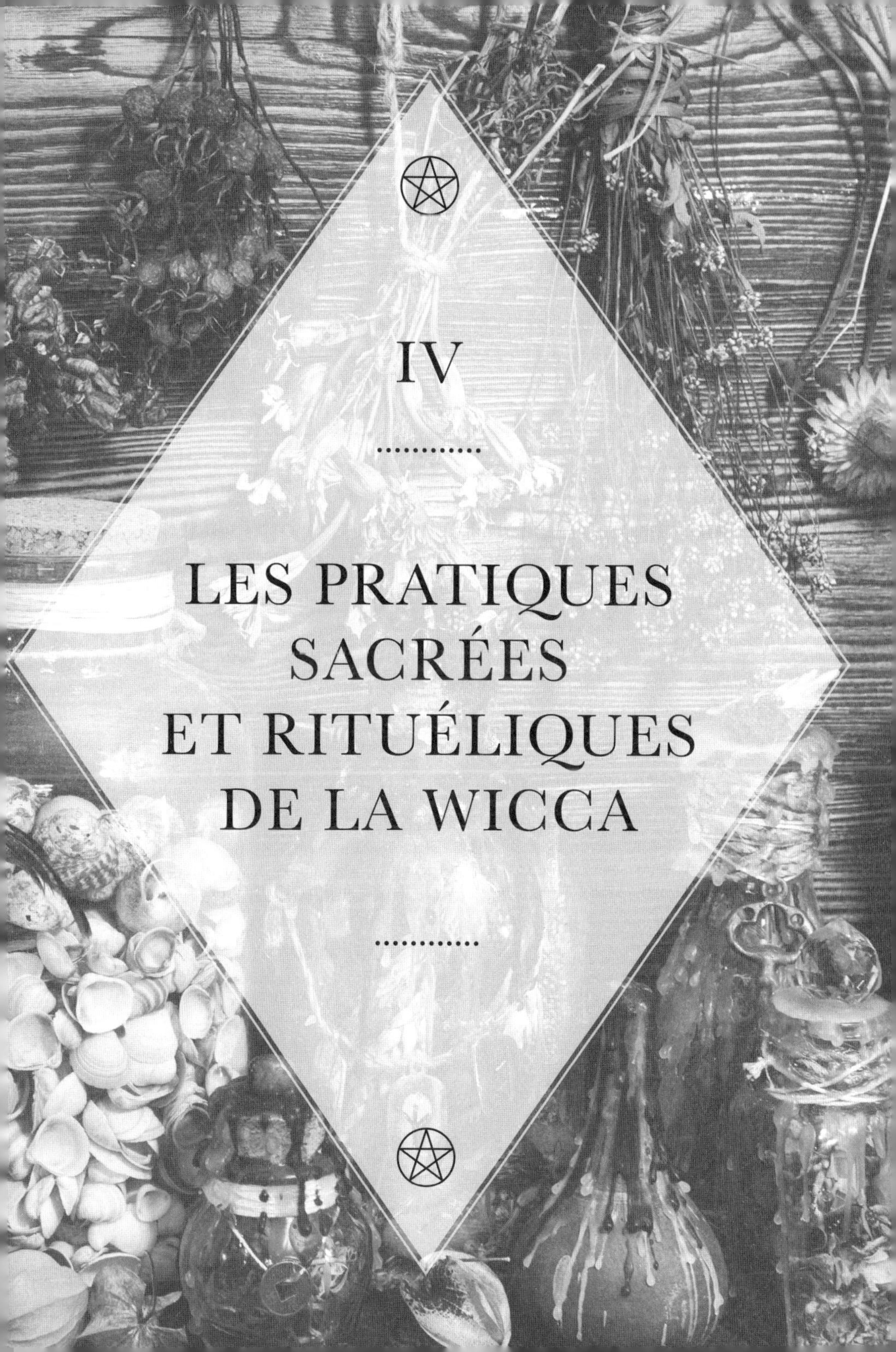

IV

LES PRATIQUES SACRÉES ET RITUÉLIQUES DE LA WICCA

Commencez votre pratique le plus simplement possible, mais avec conviction, en jardinant, en cuisinant, en effectuant de petits rituels quotidiens comme saluer le Soleil, les arbres, etc., et en prenant soin de vous concentrer sur vos intentions. Vivre au plus près de la Nature fait de chaque instant un rituel.

Lancez-vous dans des rituels élaborés quand vous vous sentez prêt, lors de sabbats ou d'esbats, ou pour une occasion qui vous tient à cœur. Une fois que vous connaissez votre intention, préparez votre rituel : commencez par une purification, ouvrez votre cercle magique pour réaliser votre enchantement, puis dispersez-le.

PURIFIER ET CONSACRER SES OUTILS ET SOI-MÊME

Se dévouer à son Art

Se purifier

Avant de commencer votre rituel magique, vous devez vous débarrasser des énergies polluantes que vous avez emmagasinées. Prendre un bain chaud avec du sel et une huile parfumée non seulement vous délassera et chassera vos soucis, mais vous purifiera également. Un bain de mer ou une simple douche prise avec un gant rempli de sel et parfumé d'une huile essentielle seront aussi efficaces.

Consécration personnelle

Quand vous vous sentez prêt à vous engager sur la voie de la Wicca, vous pouvez exprimer votre vœu par le biais d'un rite. Vous manifestez ainsi votre désir de communier avec le Dieu et la Déesse, de mettre votre énergie au service des forces de la Nature et de suivre les principes purs et bons de la Wicca.

Auparavant, vous devez vous connaître vous-même : le chemin de la Wicca est un parcours initiatique, mais vous devez être en mesure de vous consacrer corps et âme aux forces intangibles. Faites le point sur ce que vous espérez.

Vous devez ensuite connaître la Wicca le mieux possible pour comprendre ce dans quoi vous vous engagez. Lisez, admirez la Nature, observez les forces cosmiques qui vous dépassent, soyez à l'écoute de vos émotions. Si la beauté de la Nature vous émerveille, vous inspire le respect et vous transcende au point de vouloir la célébrer, et que vous adhérez aux principes énoncés dans le *Rede Wiccan*, vous êtes en phase avec cette spiritualité.

Un rite de consécration personnelle peut être d'une grande simplicité : une intention exprimée par quelques mots prononcés devant une bougie allumée, par exemple. Il peut également s'agir d'un vrai rituel, afin de marquer votre entrée sur la voie mystique et initiatique de la Wicca d'une manière plus formelle, comme celui qui suit.

- Purifiez-vous.
- Prenez un flacon d'huile parfumée aux vertus magiques (de néroli, qui apporte joie et amour).
- Allez en extérieur (jardin, forêt, plage, grotte...) et entrez en contact avec les éléments naturels et l'esprit du lieu, de la Déesse et du Dieu.
- Trouvez l'endroit précis qui vous plaît le plus et installez-vous dans le calme. Respirez profondément, comme si vous vous apprêtiez à méditer.
- Adressez-vous directement aux divinités : dites-leur que vous vous ouvrez à elles, que vous vous consacrez à elles, que votre énergie se mêlera à la leur pour célébrer toutes les forces de la Nature, le visible et l'Invisible, et pour les remercier du fond de votre cœur.
- En signe d'engagement, vous pouvez réciter quelques vers du *Rede Wiccan* ou le lire en entier.
- Alors que la Grande Déesse et le Dieu Cornu vous entendent, trempez un index dans l'huile et tracez leurs symboles sur vos mains : la triple lune sur votre main gauche, le soleil cornu sur votre main droite.

- Remerciez la Déesse et le Dieu, et concluez par : « Qu'il en soit ainsi. »
- Restez un peu pour clore le rituel par une méditation.
- Rentrez chez vous et célébrez votre consécration.

Purifier son espace

Vous devez purifier votre espace rituélique en utilisant votre balai magique : balayez l'air tout autour de l'autel et dans toute la zone qui sera comprise dans votre cercle magique.

Purifier ses outils

Vos outils doivent être purifiés avant chaque rituel. Prenez soin de les nettoyer selon la méthode appropriée à leur nature et à leur fragilité. Pour disperser les énergies négatives, vous pouvez les enterrer dans de la terre, du sel ou du sable pendant quelques jours. Il est possible de les plonger dans l'eau de la mer, d'une rivière, etc., ou chez soi, dans une eau salée. Enfin, vous pouvez les passer dans la fumée d'un encens purificateur, d'un bâton de sauge, ou à travers une flamme.

Dès que vous en devenez propriétaire, vous devez consacrer vos outils dans le cercle lors d'un rituel grâce à la magie des éléments. Ils vous seront ainsi entièrement dévolus, à vous et à votre Art.

- Dans le cercle, tournez-vous vers chaque point cardinal (est, sud, ouest, nord successivement) en tenant l'outil et passez-le au-dessus de chaque élément symbolisé.
- À chaque fois, prononcez une phrase rituelle adaptée à chacun des éléments, comme :

Que l'élément air accueille mon outil,

Que ma magie consacre son énergie,

Qu'il en soit ainsi !

LE CERCLE MAGIQUE : TEMPLE INTANGIBLE DE LA WICCA

Le cercle magique est une sphère invisible, un espace sacré au sein duquel vous célébrez les divinités et pratiquez votre magie.

Ouvrir le cercle magique

Avant d'ouvrir votre cercle, veillez à vous isoler et à ne pas être interrompu pendant votre rituel.

Le cercle représente la Déesse, la spiritualité de la Nature, la fertilité, mais aussi l'infinité et l'éternité. Il est créé grâce à notre force personnelle : visualisez intensément votre énergie jaillissant de votre corps, depuis votre main et dans le prolongement de votre bras. Depuis l'athamé, faites le tour dans le sens déosil de ce cercle, sphère magique et temple intangible. Concentrez-vous : voyez et sentez le dôme que votre énergie et votre force ont créé.

Vous pouvez matérialiser cette sphère d'énergie grâce à une corde, un trait de craie, la disposition d'objets comme des branches, des fleurs, des pierres, des coquillages, des minéraux, des lames de tarot... Sa dimension traditionnelle est un diamètre de 9 pieds, chiffre de la Déesse, c'est-à-dire 2,74 m. Les points cardinaux sont marqués par des bougies ou autres artefacts rituéliques qui représentent les éléments :

- l'est – l'air : marqué par de l'encens ou un bâton de fumigation de sauge, symboles de l'esprit, de la communication, de la divination et de la spiritualité ;
- le sud – le feu : marqué par une bougie allumée, une roche volcanique ou une lampe à huile, symboles de la passion, de l'évolution, du succès, de la santé et de la force ;
- l'ouest – l'eau : marqué par un bol d'eau, symbole des émotions, de l'amour, de la beauté, de la spiritualité émotionnelle et de la guérison ;
- le nord – la terre : marqué par du sel, un pentacle ou du substrat, symboles nourriciers, de la fertilité

et de la stabilité. Les trois autres points cardinaux reposent sur celui-ci.

L'espace rituélique est ainsi divisé en quatre quartiers dans lesquels vous devez dessiner dans l'air un pentagramme avec votre index, votre athamé ou votre baguette. L'autel est placé au centre de la sphère. Le cercle est alors prêt à accueillir la magie motivée par vos intentions.

Visualiser son intention

Vous ouvrez votre cercle magique pour une intention particulière : fêter un sabbat, un esbat, remercier la Déesse ou procéder à un enchantement. Vous devez visualiser votre intention, le résultat escompté, et vous concentrer pour faire de ce désir intangible dans votre esprit une volonté affirmée qui s'exprimera en jaillissant sous forme d'énergie depuis votre corps. Votre magie personnelle infusera votre rituel, car cette visualisation intense permet d'orienter la force qui émane de vous, qui envahit votre espace sacré et qui participe à votre rituel en lui apportant sa puissance. Votre souhait est une chose puissante, comme une prière à l'Univers, l'expression d'une attente profonde.

Plusieurs méthodes de visualisation s'offrent à vous : fixer une flamme, vous concentrer sur le reflet d'une bougie sur l'eau, méditer… La visualisation est un excellent moyen de se détendre, de vider son esprit des contingences du quotidien et de se prédisposer au travail mystique. Elle devrait précéder tous vos voyages spirituels.

- Fermez les yeux, soyez attentif à votre respiration, visualisez l'air entrer, parcourir vos poumons, puis ressortir. Inspirez profondément, expirez profondément. Répétez ceci quatre fois.
- Recommencez en sentant l'air s'engouffrer dans votre nez. Suivez-le : il pénètre dans vos poumons, mais aussi dans le reste de votre tronc. Il s'étiole dans vos membres, dans chaque jambe, chaque bras et dans votre tête, puis il ressort. Recommencez quatre fois. Alors qu'il chemine le long des méridiens, il parcourt vos chakras. Visualisez votre intention.
- Tandis que vous continuez à respirer profondément, vous pouvez saisir et faire rouler dans vos mains un objet personnel ou quelque chose qui vous aidera dans votre rituel : un cristal, une herbe, une amulette, votre baguette… Répétez un mantra si vous le souhaitez.
- À mesure que vous caressez l'objet délicatement, sentez sa propre énergie bienfaitrice vous parcourir.

Visualisez toujours : voyez ce que vous souhaitez, admirez votre représentation de la Grande Déesse, du Dieu Cornu…

- Continuez à respirer profondément, ressentez ce que la magie vous apporte et comment elle va porter ses fruits dans votre vie de tous les jours. Peu à peu, ces influences positives libèrent votre corps, votre esprit, votre cœur…
- Sentez le bien-être vous remplir comme une chaude et douce lumière, ressentez toujours l'air s'engouffrer dans votre corps, sentez comme votre magie s'éveille en vous et ne demande qu'à vous servir.

La méditation se termine quand vous êtes en phase avec votre intention.

Invocation des divinités

Allumez les bougies du Dieu et de la Déesse, puis conviez-les à votre rituel pour vous harmoniser avec les forces divines : invoquez-les avec amour et sincérité, vos enchantements n'en seront que plus efficaces. Utilisez vos mots ou les invocations du chapitre II.

Vous entrez alors dans la disposition d'esprit adéquate pour travailler avec l'Invisible.

CONCEVOIR UN RITUEL MAGIQUE : ENCHANTER SA VIE GRÂCE À L'ÉNERGIE

N'oubliez pas, pour réaliser des enchantements efficaces et puissants, de prendre en considération les phases de la Lune, les jours de pouvoir, et de choisir avec soin vos ingrédients, les couleurs de vos bougies, de vos vêtements, etc. Concentrez-vous sur votre intention : vos enchantements et vos rites doivent être imprégnés de votre énergie.

Les rituels les plus complexes doivent se dérouler dans le cercle magique, sous le patronage du Dieu et de la Déesse, mais vous pouvez réaliser des enchantements simples en cuisine, au jardin... De nombreuses voies magiques s'ouvrent à vous grâce aux multiples combinaisons possibles avec les éléments que nous avons vus et bien d'autres encore.

Les enchantements domestiques

Purifier sa maison

- Mélangez, dans un bol d'eau pure et très chaude, de la lavande séchée, un peu de thym séché et du sel. Laissez refroidir légèrement et ajoutez le jus d'un demi-citron et quelques gouttes d'huile essentielle de lavande.
- Promenez-vous dans chacune des pièces de votre maison avec le bol et répétez ces mots :

Par ces effluves citronnés,

Ma maison sera purifiée

Car pure est ma magie,

Qu'il en soit ainsi.

- Répandez l'eau dans votre jardin ou dans une jardinière.
- Frottez les chambranles de portes et les cadres de fenêtres avec l'écorce du citron pour chasser les énergies négatives résiduelles.

Apporter une protection magique à son foyer

- Tressez une couronne de romarin et accrochez-la à votre porte.
- Saupoudrez le seuil de votre porte (voire votre porche et votre allée) de sel.
- Dans une bouteille ou un bocal en verre, mélangez 60 ml d'huile végétale, 5 gouttes d'huile essentielle de thym, 5 gouttes d'huile essentielle de géranium et 5 gouttes d'huile essentielle d'arbre à thé. Laissez reposer le récipient près de votre entrée. Oignez-en une bougie violette ou noire pour effectuer un rituel

de protection magique. Promenez-vous dans chacune de vos pièces avec votre bougie allumée en répétant un mantra de protection, puis laissez-la se consumer près de votre porte d'entrée. Votre incantation peut prendre la forme suivante :

Que le mal n'entre pas,

Ma magie protège mon toit.

Hors de ma vie, mauvais esprits,

Qu'il en soit ainsi.

Les enchantements personnels

Chasser de son esprit les pensées négatives

- Pratiquez la magie de la flamme en brûlant vos maux dans votre chaudron (voir chapitre II, p. 83).
- Dans un bocal, mélangez 110 g de sel d'Epsom, 2 cuillères à café d'herbe à chat séchée et 5 gouttes d'huile essentielle de rose. Préparez un bain dans lequel vous mettrez 3 cuillères à café de la préparation. Relaxez-vous dans l'eau chaude parfumée,

visualisez les bonheurs de votre existence et laissez la joie vous gagner.

Attirer un nouvel amour

- Un soir de pleine lune, prenez une bougie rose, essuyez-la, lavez la cire avec une eau salée – sans mouiller la mèche –, puis séchez-la.
- Tenez-la de la main gauche et gravez-y, à l'aide de votre boline ou de toute autre lame ou aiguille, votre nom ou votre symbole, ainsi que votre intention.
- Préparez une huile magique : mélangez 120 ml d'huile végétale avec 5 gouttes d'huile essentielle de rose et 5 gouttes d'huile essentielle de lavande. Oignez la bougie à l'aide de votre index droit, de haut en bas.
- Répétez cette incantation neuf fois :

Que l'amour vienne à moi,

Qu'il me comble de joie,

Qu'il illumine ma vie,

- Et concluez l'enchantement par :

Qu'il en soit ainsi.

- Laissez la bougie se consumer au cœur de votre maison.
- Enchantez, avec la même incantation, un quartz rose que vous porterez tous les jours en bijou ou dans une petite pochette, jusqu'à ce que l'amour vienne à vous.

Recouvrer une bonne santé

- Préparez une petite boîte en carton ou en bois, décorée de symboles wiccans.
- Insérez-y un objet personnel (une mèche de cheveux, une photo…) vous appartenant ou appartenant à la personne malade.
- Ajoutez-y une améthyste, un cristal de roche ou une citrine (ou les trois), 3 brins de romarin et de l'écorce de chêne.
- Glissez-y également une carte pliée en deux, sur laquelle vous aurez inscrit : « Que grâce à ma magie, je/tu sois guéri•e. »

- Exposez la boîte à la lumière lunaire toute une nuit et gardez-la près de vous ou offrez-la à la personne qui en a besoin.

Favoriser sa réussite professionnelle

- Sous une lune sombre, prenez une bougie verte et nettoyez-la comme indiqué plus haut, puis gravez sur la cire votre nom ou votre symbole, ainsi que votre intention. Allumez-la sur votre autel.
- Préparez une petite pochette de « succès » avec de la verveine séchée et une citrine que vous porterez au travail, lors d'un entretien, etc.
- Vous pouvez méditer en admirant les reflets de la bougie dans les facettes cristallines de votre pierre.
- Répétez un mantra en rapport avec vos attentes professionnelles particulières.
- Laissez la bougie se consumer.

Appeler la prospérité

- Prenez un bain parfumé avec 2 gouttes d'huile essentielle de verveine, 2 gouttes d'huile essentielle de menthe et 2 gouttes d'huile essentielle de pomme. Baignez-vous dans la lueur d'une bougie verte et visualisez les biens dont vous avez besoin, sans excès.

- Lors d'une lune gibbeuse croissante, préparez une petite bourse que vous garderez dans votre sac ou dans votre porte-monnaie : garnissez-la de basilic, de pétales de rose et de verveine. Ajoutez-y des petites turquoises rechargées. Ce faisant, visualisez ce dont vous avez besoin pour assurer votre équilibre budgétaire.

CLORE LE RITUEL : REPRENDRE CONSCIENCE DE LA RÉALITÉ MATÉRIELLE

Quand votre enchantement est terminé, vous devez clore votre rituel en suivant plusieurs étapes.

La mise à terre de la force

Vous avez projeté beaucoup d'énergie personnelle et vous en avez appelé à celle des herbes, des éléments, des minéraux, etc., mais aussi aux divinités, qui vous ont accompagné pendant votre rituel. Cette puissance a été canalisée pour réaliser votre enchantement. Cependant, des étincelles d'énergie fourmillent encore dans votre cercle magique : il vous faut les mettre à la terre afin de retrouver un espace normal d'un point de vue énergétique.

Pour vous réorienter vers la conscience matérielle, il faut que vous mangiez et que vous buviez. Consommer des produits terrestres vous permet de quitter le monde des forces invisibles et de vous ancrer dans la réalité corporelle. Une simple collation de produits sains et de saison préparée par vos soins suffit. Vous pouvez également répandre du sel sur le sol autour de vous.

Les remerciements au Dieu et à la Déesse

N'oubliez pas de laisser une offrande à la Déesse et au Dieu pour les remercier. Avec vos mots ou votre corps (une invocation, un chant, une danse...), remerciez-les de leur participation et invitez-les à revenir une autre fois.

La dispersion du cercle magique

Dispersez votre cercle en brandissant votre athamé au-dessus de votre autel et visualisez-le absorber la force qui a créé la sphère. Sentez l'énergie revenir en vous depuis votre couteau rituélique et votre main.

Ramassez ensuite les objets qui matérialisaient le cercle au sol (la corde, les fleurs...). Enterrez les offrandes, répandez l'eau rituélique sur la terre, et soufflez les bougies.

Le rituel est clos.

CONCLUSION

La Wicca est autant une religion magique qu'un art de vivre émancipateur qui nous reconnecte avec nos besoins primaires, qui nous ancre dans la Nature et dans l'instant présent, qui nous offre la plénitude en nous comblant d'un bien-être physique et psychique. Elle nous affranchit des règles d'une société artificielle qui nous dénature.

Elle nous encourage également à nous faire confiance, à nous retrouver, à vivre en paix, à être humbles devant le cycle imperturbable de la vie, de la mort et du renouveau. Dans le respect des forces primordiales, nous nous accordons à la Nature immanente, nous suivons son évolution et nous la remercions de ses bienfaits en admirant les étoiles, les couchers de soleil, les pleines lunes, les premières floraisons, les nouveau-nés, mais aussi la mort, promesse d'une renaissance.

Que nous la pratiquions seuls ou en groupe, elle s'adapte à nous, à notre personnalité, à nos goûts et notre style de vie. Nous prenons du temps pour nous, pour nous exprimer, pour être créatifs et aimables.

La Wicca se pratique essentiellement dans notre âme, afin de mieux atteindre l'éveil spirituel et de trouver notre chemin de vie, sous les yeux bienveillants du Dieu et de la Déesse.

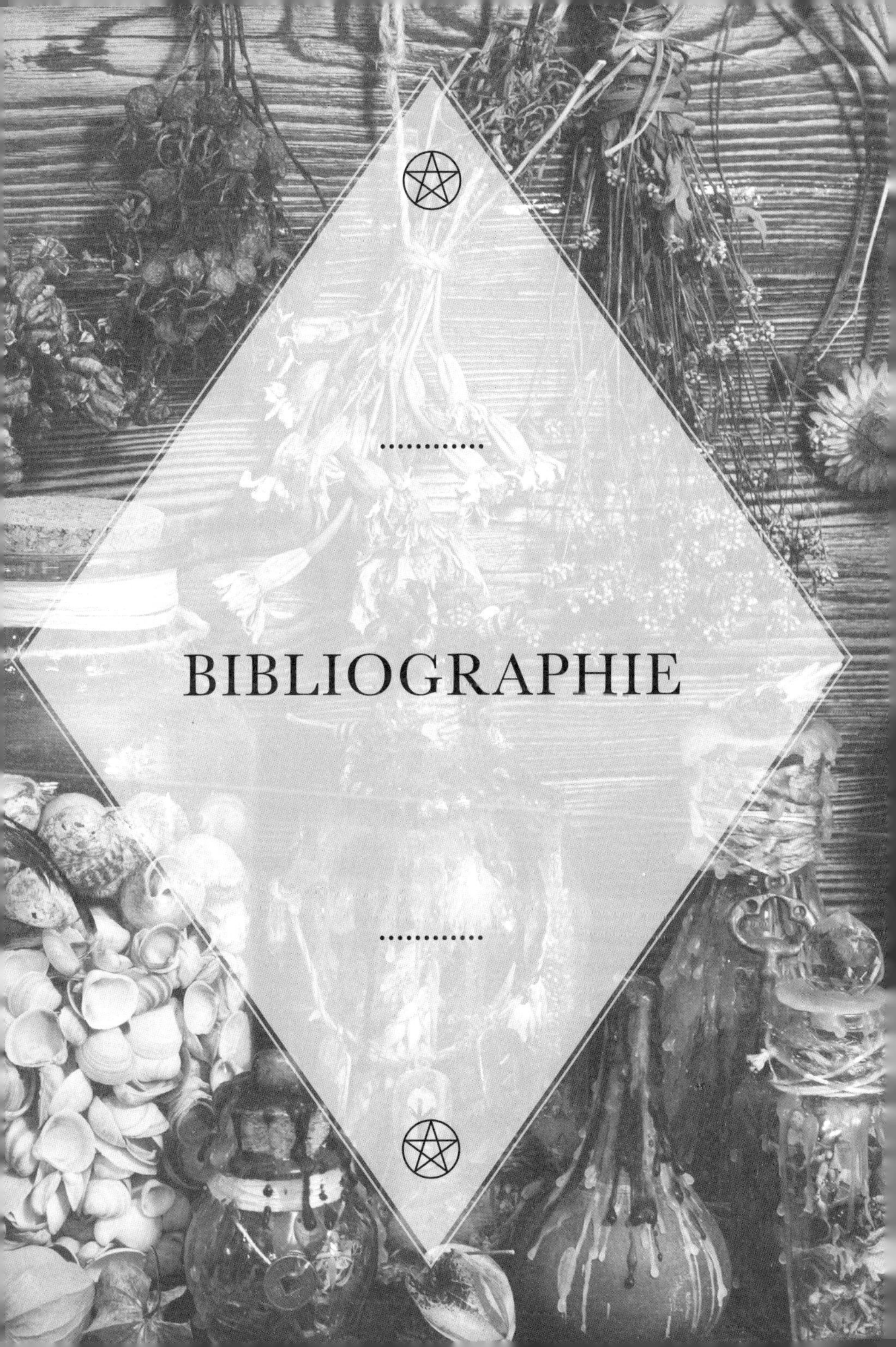

BIBLIOGRAPHIE

ALDEN, Temperance, *Year of the Witch: Connecting with Nature's Seasons Through Intuitive Magick*, Red Wheel/ Weiser, 2020.

BOUGCHICHE, Katia, *L'Éveil des sorcières – Initiation au féminin des origines*, Leduc éso, 2019.

CUNNINGHAM, Scott, *La Wicca – Manuel de magie blanche : rituels, recettes, herbes et invocations*, J'ai lu, 2013.

D'ESTE, Sorita et RANKINE, David, *Le Cercle de feu – Guide pratique de la Wicca moderne*, Danaé, 2021.

GREENLEAF, Cerridwen, *Mes petits rituels de sorcière*, Larousse, 2020.

HERSTIK, Gabriela, *Craft: How to Be a Modern Witch*, Ebury Press, 2018.

MANKEY, Jason, *Le Livre des ombres de la sorcière – L'art, la tradition et la magie du grimoire sorcier*, Danaé, 2020.

MOONEY, Thorn, *La Wicca traditionnelle*, Danaé, 2020.

NICE, Harmony, *Wicca: A Modern Guide to Witchcraft and Magick*, Orion Spring, 2018.

PATTERSON, Rachel, *La Magie de la Lune*, Danaé, 2019.

ROBBINS, Shawn, *Wiccapedia: A Modern-Day White Witch's Guide*, Sterling, 2014.

ROBBINS, Shawn, *The Crystal Witch: The Magickal Way to Calm and Heal the Body, Mind, and Spirit*, Sterling, 2019.

ROBBINS, Shawn, *The Good Witch's Guide: A Modern-Day Wiccapedia of Magickal Ingredients and Spells*, Sterling, 2017.

Dépôt légal : mars 2022
Achevé d'imprimer par la Nouvelle Imprimerie Laballery
en février 2022.
N° d'impression : 1121020
La Nouvelle Imprimerie Laballery est titulaire du label Imprim'Vert.
Imprimé en France.